토기장이

"우리는 진흙이요 주는 토기장이시니
우리는 다 주의 손으로 지으신 것이라"(이사야 64:8)

오늘을 살게 하는 생각

오늘을 살게 하는 생각

이기훈 지음

토기장이

두 번째 글 집을 내면서

말하는 자들은
듣는 자들이
알아들을 수 있도록
말을 해야 하고

글 쓰는 이들은
읽는 자들이
이해할 수 있도록
써야 한다

글을 쓴다는 것은
인생이라는 도화지 위에
희로애락이라는 물감으로
삶을 그리는 작업

삶의 아름다움을 그리기 위해
세상을 아름답게 만들기 위해
나는 틈나는 대로
글을 쓴다

기쁨의 근원이 되신 주님께
언제나 삶의 이유가 되는
사랑하는 아내와 두 아들에게
감사를 드린다

이기훈

차례

1장 _____ 이야기가 있는 삶 • 007

2장 _____ 노래가 있는 삶 • 031

3장 _____ 편지를 나누는 삶 • 055

4장 _____ 행복이 있는 삶 • 077

5장 _____ 고난이 있는 삶 • 099

6장 _____ 믿음이 있는 삶 • 123

7장 _____ 묵상이 있는 삶 • 145

1장

**이야기가 있는
삶**

아들이 준 감동

　은혜를 알고 사는 것은 중요하다. 왜냐하면 은혜를 알아야 감사를 할 수 있고, 감사를 할 줄 알아야 삶의 만족도가 높아지기 때문이다. 범사에 감사할 수 있는 것은 은혜를 알 때에만 가능하다.

　신비하게도 은혜는 생활 곳곳에 숨어 있는 감사의 제목들을 발견하게 한다. 그래서 은혜로운 사람은 하나님께는 물론 사람에게도 감사 표현을 잘하게 되고, 한 걸음 더 나아가서 사랑을 베푸는 일에도 주저하지 않는다. 이것이 은혜의 힘이다.

　은혜란 받을 자격이 없는데 주신 것을 의미한다. 즉 사랑 받기에 합당하지 못한 나를 조건 없이 사랑해 주신 것, 나 같은 죄인을 위해서 예수님이 십자가에서 대신 죽으신 것이 은혜다. 은혜는 평생 사람이 있어야 할 자리다. 만약 은혜의 자리를 벗어나면 사람은 교만에 빠지게 된다.

　은혜 반대편에는 항상 교만이 있다. 그리고 하나님의 은혜만큼 알아야 할 것이 부모님의 은혜다. 자녀들은 부모를 잘 섬기는 것이 하나님의 뜻임을 기억해야 한다. 부모에게 순종하는 것이 주를 기쁘시게 하는 것임을 알아야 한다. "자녀들아 모든 일에 부모에게 순종하라 이는 주 안에서 기쁘게 하는 것이니라"(골 3:20).

"엄마! 처음으로 일해서 큰돈을 벌었어요
이 돈으로 십일조와 감사헌금 드리고
나머지는 꼭 엄마가 쓰세요"

이렇게 쓴 편지와 500달러의 돈이
아내의 옷장 위에 가지런히 놓여 있다
큰 놈이 몇 날 밤낮을 바꾸어 가며
번역 일을 해서 얻은 열매였다

부모에게는 효도할 줄 알고
하나님께는 감사할 줄 아니
얼마나 감사한가!
아들의 삶이 그분 안에 있음을 보았다

그런데 아들에게 묻고 싶다
왜 엄마에게만 그리 큰 사랑의 선물을 드리는가?
아빠는 허수아비란 말인가?

애들이 보고 싶어요

나는 두 아들의 아버지가 된 후 이미 천국에 가신 내 아버지의 마음을 더 깊이 이해하게 되었다. 그리고 하나님의 마음도 내 아버지와 같을 것이라는 생각으로 그분과 교제하면서 신앙생활을 하고 있다.

또한 자식을 사랑하는 아버지의 마음으로 하나님의 마음을 이해하기도 한다. 왜냐하면 아버지의 마음은 동일하기 때문이다. 내가 아들들을 그리워하고 기뻐하듯 내 아버지도 나에게 그러셨을 것이고, 또한 하나님 아버지도 동일하게 그러실 것이라고 생각한다. 그래서 지난 40년 동안 매일 말씀을 묵상하면서 그분과 교제를 해 왔던 것이다.

자식들이 보내는 문자나 전화가 부모에게 기쁨을 주듯, 나의 기도가 하나님 아버지께 기쁨이 될 것이라고 생각한다. 부모가 되어 알게 된 것은 자식이 부모를 사랑하는 마음보다 부모가 자식을 사랑하는 마음이 훨씬 크다는 것이다. 부모님의 사랑이 내리사랑이듯, 하나님의 사랑도 내리사랑이다. 그래서 스스로 인간이 되신 것이다. 십자가의 고난을 마다하지 않고 받으신 것도 다 사랑 때문이었다. "하나님이 세상을 이처럼 사랑하사 독생자를 주셨으니 이는 그를 믿는 자마다 멸망하지 않고 영생을 얻게 하려 하심이라"(요 3:16).

오월의 어느 월요일,
일주일 중 가장 여유롭게 맞이하는 아침
음악을 들으면서 소파에 앉아 있던 아내가
갑자기 흐느껴 운다
무슨 일일까?

놀란 가슴 잠시 가다듬고 아내에게 묻는다
"여보 왜 그래요? 어디 아파요?"
잠시 머뭇거리던 아내가 울음 섞인 목소리로 답한다
"애들이 너무 보고 싶어요!"

두 놈과 떨어져 산 지 반년
마음에 담아 놓고 있던 감정을 아내가 먼저 드러내고 말았다
순간 나도 감정을 추스르느라 아내를 위로할 수 없었다

가끔 식탁에 앉을 때면
끼니나 제대로 챙겨 먹고 사는지
두 놈 걱정에 입맛을 잃기도 하는데
오늘은 마음을 추스르기가 어려웠나 보다
기분도 바꿀 겸 양평 오일장 보러 간다

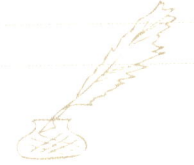

후회는 안 해요

　결혼은 쉽게 할 수 있지만, 배우자와 함께 행복하게 사는 것은 결코 쉬운 일이 아니다. 그리고 배우자를 행복하게 해 주는 일은 더욱 어렵다.

　남자와 여자는 서로 사랑하기 때문에 결혼을 하지만 사실은 자신의 행복을 위해서 결혼을 한다. 설령 배우자를 행복하게 해 주기 위하여 결혼을 한다는 사람이 있을 수 있지만 사실은 자신의 행복을 위해서 하는 것이다. 이런 속마음은 결혼 생활을 하는 중에 다 드러나게 되어 있다.

　그러므로 결혼 생활을 행복하게 하려면 먼저 자신이 행복해야 한다. 그래야 배우자도 행복할 수 있다. 행복은 전염된다. 행복한 사람과 살아야 함께 사는 사람도 행복한 법이다. 불행한 사람과 함께 사는 사람이 행복할 수는 없다.

　다음으로, 배우자를 먼저 사랑해야 한다. 결혼 생활은 이기주의자들의 행진이 되기 쉽다. 내가 먼저 사랑하지 않으면 결코 되돌아올 사랑과 행복이 없다는 것을 알아야 한다. 흘러가는 사랑이 없으면 흘러올 사랑도 없다.

마지막으로 배우자는 하나님께로부터 온 사람이라는 것을 잊지 말아야 한다. 집과 재물은 조상으로부터 상속받지만 슬기로운 아내는 여호와께로부터 온다(잠 19:14). 지금부터라도 배우자를 먼저 사랑해 보자.

'행복한 가정과 리더'라는 제목의 강의를 준비하다가
청중에게 던질 질문을 아내에게 먼저 해 봤다

"여보, 나와 결혼해서 사는 것 행복해요?"
그러자 아내 말하기를
"후회는 안 해요. 그러면 절반은 성공한 결혼 아닌가?"

행복하다는 표현인지, 불행하다는 표현인지
만족한다는 표현인지, 불만족하다는 표현인지

말만 들어서는 감을 잡을 수가 없어
아내의 얼굴을 힐끗 쳐다보았다

그녀의 얼굴이 웃음을 머금고 있는 것을 보니
필경 불행하다는 의미는 아니리라
자의적으로 해석하며 위안을 삼는다

당신은 좋겠다

나는 외국에서 살았기 때문에 어머니가 세상을 떠나실 때 뵙지를 못했다. 그래서 어머니를 생각하면 늘 미안함과 아쉬움이 마음에 남아 있다. 그 마음은 어머니에 대한 그리움과 함께 시간이 흘러도 지워지지 않는다. 잠언은 "네 부모를 즐겁게 하며 너를 낳은 어미를 기쁘게 하라"(잠 23:25)고 기록하였다. 부모님이 살아 계실 때 조금이라고 기쁘게 해 드리고 효도를 해야지 돌아가시고 나면 후회만 남는다.

그런데 나이가 들어 알게 된 사실은 부모님과 친밀감 없이 지내는 자녀들이 의외로 많다는 것이다. 사랑한다는 말을 주고받지 못하고 살거나 사랑의 포옹 한 번 없이 지내는 가족이 참 많다. 물론 피치 못할 이유가 있겠지만 부모와 자녀는 부부만큼이나 친밀감을 가져야 한다.

부모와의 친밀감은 어릴 때부터 형성된다. 만약 부모에게 받은 상처 때문에 거리를 두고 있다면 부모님을 이해해 드려야 한다. 부모님은 그 나름대로 최선을 다했을 것이다. 다만 서툴러서 상처를 준 것이지 의도적으로 상처를 준 것은 분명히 아닐 것이다. 부모님 역시 그들의 부모에게 상처를 입고 성장했기 때문에 부모 노릇이 서툴 수밖에 없었다고 조금은 너그럽게 이해해 주면 어떨까.

"당신은 좋겠다. 엄마가 계셔서"
친정어머니의 한 많은 생애를 생각하며
불쌍하다 눈물짓는 아내를 향해 불쑥 한마디 내뱉는다

사랑하는 어머니를 보고 싶어도 볼 수 없고
만나고 싶어도 뵐 수 없는 나의 처지에 비하면
아내의 눈물이 호사처럼 느껴진다

엄마가 살아 계시니 용돈도 드릴 수 있고
좋아하는 옷, 맛난 음식도 사 드릴 수 있으니
얼마나 좋으랴!

위로하는 심정으로
부러워하는 마음을 담아 한마디 건네 본다
"당신은 정말 좋겠다. 엄마가 살아 계셔서"

이사하던 날

오늘날처럼 옳고 그름이 혼탁한 세상에서 '정직'은 신앙인들에게 매우 중요한 덕목이라고 생각한다. 작은 거짓말이 세상을 진흙탕으로 만들고 있는 것이 우리의 현실인 것을 보면 신앙인들은 어느 곳, 어느 상황에서든지 정직해야 한다.

오늘의 사회는 정직한 사람을 필요로 한다. 거짓말이 없는 사회가 성숙한 사회다. 정직한 사람이 많은 사회가 성숙한 사회다. 이런 사회를 만들어 가려면 신앙인들이 먼저 정직하게 살아야 한다. 능력도 있고 정직도 하다면 금상첨화이겠지만 그렇지 못하다면 능력 있고 정직하지 못한 것보다는 능력은 부족하지만 정직한 것이 세상을 정화하는 데 훨씬 효과적일 것이다.

예수님은 마음이 청결한 사람이 복이 있다고 말씀하셨다(마 5:8). 왜냐하면 마음이 깨끗한 사람만이 하나님을 볼 수 있기 때문이다. 정직은 하나님과 통하는 캐릭터다. 거짓은 거룩을 훼손하는 사탄의 성품인 것을 기억하라.

"이사 가신다고요. 너무 서운하네요"
관리실 여사무원이 관리비 정산을 하러 온 나를 향해
아쉬움 가득한 얼굴로 인사를 한다

"제가 그동안 죽 보아 왔는데요
사모님이 우리 아파트에서 가장 정직한 분이세요"
그녀는 내가 건네주는 돈을 받으면서 계속 말을 이어간다

"아줌마들이 음식물 쓰레기 버릴 때 많이 속이거든요
사모님 같은 분이 우리 아파트에 많이 사셔야 하는데
이사를 가신다니 너무 아쉬워요"

아내를 향한 칭찬이
이사하는 피로, 익숙함을 떠나는 불편,
더 살지 못하는 아쉬움을 털어내 주고
돌아서는 발걸음에 기쁨을 드리운다

제목을 바꾸세요

사람이 태어나서 받아야 할 복 중에서 첫 번째 큰 복은 좋은 부모를 만나는 것이다. 물론 자신이 선택할 수 있는 사항은 아니지만 그래도 부모를 잘 만나는 것은 복 받는 것이다. 왜냐하면 미성숙한 부모에게서 받은 상처 때문에 인생을 힘들게 사는 자녀들이 생각보다 많기 때문이다.

이와 같은 중요성을 알기 때문에 사도 바울은 부모들을 향해 자녀에게 상처 주지 말고 낙심치 말게 하라고 당부했다. "아비들아 너희 자녀를 노엽게 하지 말지니 낙심할까 함이라"(골 3:21). 부모에게 사랑과 인정을 받으면 대부분 정서적으로 건강하게 자라서 평생 행복하게 살아갈 수 있다.

두 번째 복은 좋은 배우자를 만나는 것이다. 부모로부터 받은 영향이 자녀의 일생에 영향을 미치듯이 배우자의 영향 또한 평생 간다. 그러므로 배우자를 잘 만나는 것은 복 받는 것이다.

그러나 좋은 배우자를 만나길 원한다면 자기 자신이 먼저 좋은 배우자가 되어야 한다. 잠언은 지혜로운 여인은 집을 세우고 미련한 여인은 집을 허문다고 하였고(잠 14:1), 현숙한 여인은 사는 날 동안 남편에게 도움이 되고 해가 되지 않는다고 하였다(잠 31:12). 이 말씀은 남편에게도 적용되는 동일한 말씀이다.

"큰 아드님 결혼했나요?"
"아니오, 아직… 기도하고 있어요
사랑스러운 며느리 감을 만날 수 있기를"

"제목을 바꾸세요
요즘 젊은 아이들을 몰라서 그렇게 기도하는 거예요
요즘 며느리 본 집들마다 난리예요 난리
사랑할 줄 아는 며느리를 달라고 기도하세요
하나님 사랑하고, 남편 사랑하고,
가족 사랑할 줄 아는 그런 며느리요"

정신이 번쩍 든다
새로 맞이하게 될 한 식구가 행복의 통로가 될 것인가?
아니면 불행의 통로가 될 것인가?

큰 놈의 삶을 복되게 할, 그놈 때문에 행복하게 살게 될 여인 중의 한 여인을 위하여 다시 기도를 시작한다

내리사랑

예수님 믿고 구원을 얻게 되면 하나님과 사랑의 관계가 맺어진다. 그리고 그 관계는 믿음 생활의 년 수가 더해질수록 성숙해져야 한다. 관계의 성숙은 매일의 만남과 대화와 나눔을 통해서 이루어진다. 그리고 그 성숙은 친밀감으로 나타난다. 성경 말씀에서 하나님을 만나고, 생활 속에서 그 하나님을 체험할 때 믿음은 성숙해진다. 그리고 그분과의 관계는 더욱 견고해진다.

베드로 사도는 예수 그리스도의 은혜와 그를 아는 지식 안에서 성장해 가야 한다고 권면했다(벧후 3:18). 부모와 자식의 관계도 성숙해 가야 한다. 부모가 평생 자식을 끌어안고 살려고 한다거나 자식이 평생 부모만을 의지하며 살려고 하는 것은 관계가 미성숙하다는 것을 보여 주는 것이다. 부모는 때에 맞추어 자녀가 하나님이 준비해 놓으신 인생을 살아갈 수 있도록 떠나보내야 하고, 자녀는 부모의 그늘을 벗어나 하나님이 허락하신 인생을 살아가야 한다.

그런데 자식이 부모의 곁을 떠날 때 자식보다 부모가 더 성숙해지는 것 같다. 언젠가는 독립할 자식이지만 함께 살지 못하는 아쉬움이 부모의 마음을 성숙케 한다.

내일이면 다시 객지로 떠날 막둥이 때문에
가슴앓이를 하느라 나도 아내도 밤새 잠을 이루지 못했다
안쓰러움이 가슴을 아프게 한다

아우를 홀로 보낼 자신이 없어
도저히 공항에 나가지 못하겠다고 형이 먼저 선수를 친다
숨겨 놓은 감정을 그놈이 대신 표현해 맘을 더욱 쓰리게 한다

한 해에 여름을 두 번 지낼 수 없다며
다시 올 것을 계획해서인지 당당하게 자신감 있게 떠나는
작은 놈의 모습에서 다소 위안을 얻는다

돌아서 오는 길에 아내가 먼저 눌러 놓았던 감정을 터뜨렸다
어미의 본능이라고나 할까?
둘 사이에 잠시 침묵이 흘렀다
자식 사랑이 충전되는 시간이었다

마지막 인사

사람에게는 품위라는 것이 있다. 그 사람의 말하는 매너와 얼굴 표정 그리고 대화를 나누면서 느껴지는 감정이 그것이다. 어떤 사람은 상대방에게 편안함을 주기도 하지만 또 어떤 사람은 상대방을 긴장하게도 한다.

예수님의 인품은 어떠했을까? 이사야는 예수님에 대해 수려한 풍채도 없고 화려한 위엄도 없으며 보기에 볼품이 없는 분이라고 설명하였다. "그는 주 앞에서 자라나기를 연한 순 같고 마른 땅에서 나온 뿌리 같아서 고운 모양도 없고 풍채도 없은즉 우리가 보기에 흠모할 만한 아름다운 것이 없도다"(사 53:2).

누가 그렸는지는 모르지만 온 세계에서 사용되는 예수님의 사진을 보면 이사야의 설명이 비슷해 보인다. 추측해 보건대 예수님은 지위고하를 막론하고 누구나 가까이하기 좋은 인품을 가지신 것 같다. 그분이 근엄한 표정으로 말씀을 하시면 사람들은 말씀 속으로 빠져들어 갔다. 어린아이들도 예수님께 나오는 것을 마다하지 않은 것을 보면 필경 예수님은 누구에게나 편안함을 주는 인품을 가지셨을 것이다.

신앙인들의 인품은 예수님을 믿는 우리의 신앙에 관하여 좋은 인상을 주는 데 한몫을 한다. 내 인품은 어떨지 거울 앞에 서 보라. 그리고 가장 가까운 사람에게 물어보라. 한 가지 단언하건대 신앙인의 품위가 천박스러워서는 절대로 안 된다는 것이다. 신앙인의 품위는 복음에 합당하게 생활할 때 나타나는 법이다. "오직 너희는 그리스도의 복음에 합당하게 생활하라 이는 내가 너희에게 가 보나 떠나 있으나 너희가 한마음으로 서서 한 뜻으로 복음의 신앙을 위하여 협력하는 것과"(빌 1:27).

"좋은 집에서 잘 살다가 갑니다. 고맙습니다"

"아니에요. 좋은 분이 살아 주셔서 감사해요
인품이 좋게 느껴지는 분이 저희 집에서 살게 되어
마음이 기뻤어요
나중에 알고 보니 목사님이셨어요. 참 훌륭하세요
그리고 너무 멋있으세요"

"사장님이 목사님이셨어요? 어쩐지!"

가족 여행

　세상에는 많은 부를 가지고도 불행하게 생활하는 가정이 있고, 비록 소유는 적지만 행복하게 생활하는 가정이 있다. 우리 가정은 후자의 경우에 해당한다. 가진 것은 넉넉하지 않았지만 그 덕에 하나님을 더욱 의지하며 살게 되었고, 그 결과 만나와 메추라기로 먹여 주시는 광야의 기적을 많이 체험할 수 있었다. 그리고 무엇보다도 감사한 것은 네 식구 사이에 가족애가 돈독한 것이다.

　소유는 필요한 것이기는 하지만 반드시 행복을 가져다주는 것은 아닌 것 같다. 대부분의 드라마가 작은 집에서 가난한 사람들이 행복하게 사는 것보다 큰 집에서 부자들이 불행하게 사는 모습을 더 많이 그리는 것을 보면 이러한 생각은 일리가 있는 것 같다.

　물론 부자이면서 행복하게 사는 사람도 있고 가난하면서 불행하게 사는 사람도 있을 것이다. 그러나 소유의 많고 적음과 상관없이 중요한 것은 가정생활을 행복하게 하는 것이다. 잠언은 채소를 먹으며 서로 사랑하는 것이 살진 소를 먹으며 서로 미워하는 것보다 낫다고 기록하였다(잠 15:17). 서로 사랑하고 위로할 뿐 아니라 의지하고 사는 가정은 황금보다 더 소중한 보물을 가진 것이다.

오랜만에 네 식구가 한 차를 탔다
호텔에서 내려다보는 아름다운 비치를 보여 주고 싶어서
비치에서 올려다보는 멋스러운 호텔을 보여 주고 싶어서
어렵게 스케줄을 맞추어 여행을 떠났다

서울로 돌아가기 전
가족의 추억을 남겨 놓고 싶어서
그 추억을 담아가고 싶어서
뉴캐슬 동쪽 해변으로 가족 여행을 떠났다

품 안의 자식이라고 했던가?
그간 어미의 품 안에서 아쉬움 모르고 살았는데
이젠 둥지를 떠나 살게 될 두 놈의 인생을 생각하니
가슴이 미어진다

단호히 걱정하지 말라는 권면을 위안으로 삼고
마음 모질게 먹으며 이별을 준비한다

대전 사람들

하나님은 교제도 하고 동역도 하기 위하여 사람을 창조하셨다. 그리고 사람으로부터 영광을 받기 위해서 창조하셨다. 사람이 하나님께 영광을 돌리는 방법은 그분을 유일하신 하나님으로 믿는 것과 그분이 맡기신 사명을 감당하는 것 그리고 그분의 이름을 찬양하는 것이다.

교회 봉사 중에서 가장 은혜가 있는 곳은 성가대라고 생각한다. 온전한 찬양을 하나님께 올려 드리기 위하여 수십 번을 반복해서 연습해도 지루하지 않을 뿐더러, 반복할 때마다 곡과 가사를 통해서 받는 은혜가 너무나 크기 때문이다. 놀랍게도 성령님은 곡을 반복해서 부를 때마다 감성을 새롭게 터치해 주신다. 이것은 성가대를 경험한 사람들만이 아는 은혜이다.

그리고 성가대에는 먹을 것이 많다. 은혜를 받은 사람들이 많이 모여서 그런지 베풀고 나누기를 원하는 대원들이 많다. 그래서 또 은혜를 받는다.

하나님이 기뻐하시고 또 내가 그분을 기뻐하는 것이 찬

양이다. 이런 찬양의 맛을 알기에 시편 기자는 여호와를 찬양하라고 수백 번을 우리에게 권고했을 것이다. "할렐루야 우리 하나님을 찬양하는 일이 선함이여 찬송하는 일이 아름답고 마땅하도다"(시 147:1).

노래하는 천사들이 새벽을 깨우며
푹신푹신한 달구지를 타고 서울 나들이를 왔다

목자들을 찾아왔던 천사들처럼
좋은 소식을 전해 주러,
은혜의 멜로디를 들려주러
흰옷 입은 천사가 되어 찾아왔다

얼마나 부지런을 떨었을까? 얼마나 신이 났을까?
얼마나 기대가 컸을까? 얼마나 기뻤을까?

마음엔 사랑을 가득 담았고
얼굴엔 은혜로운 미소를 띠었으며
입 속엔 환희의 송가를 머금고 왔으니
필경 버스는 평시보다 훨씬 무거웠으리라

은혜 있으라, 저들이 부르는 노래에
복이 있으라, 저들의 발걸음에

내면의 빙산

　바닷속의 빙산은 수면상으로는 작게 보이지만 그 밑에는 산만 한 얼음 덩어리가 숨어 있다. 과거 타이타닉 호가 침몰했던 것은 보이지 않는 빙산과 충돌을 했기 때문이다. 빙산은 사람에게도 있다. 겉으로 드러난 모습이 그 사람의 전부가 아니다. 그것은 빙산의 일각에 불과하다. 그 사람의 진짜 모습은 겉으로 드러나지 않은 내면에 있다.

　그동안 교회는 육체의 건강이나 영적 건강에 대해서는 관심도 많고 공부도 많이 했지만 정서적 건강에 대해서는 무관심했다. 대부분 정서적인 문제를 영적인 문제로 취급해 왔던 것이 사실이다. 그런데 정서적으로 건강하지 못하면 육체적으로나 영적으로 건강할 수 없다. 그러므로 자신의 빙산이 무엇인지 인식하고 그것이 자신의 삶에 주는 영향이 무엇인지를 아는 것이 중요하다. 그래야 문제점을 알고 치유할 수 있다.

　자신의 빙산은 반드시 관계 속에서, 그리고 어떤 위기를 직면했을 때 드러난다. 사울 왕의 빙산은 '인정 욕구'였다.

이것 때문에 그는 아말렉 전투(삼상 15장)에서 하나님이 주신 승리를 자신의 이름을 낼 기회로 삼았다(삼상 15:12). 백성들로부터 인정받지 못할 것에 대한 두려움 때문에 하나님의 말씀에 불순종하였다(삼상 15:24). 내면의 빙산은 이렇게 많은 부정적인 결과를 낳는다.

치매 전문 요양원에서
화 잘 내고 욕 잘하는 환자 중에
전직 목사 출신이 많다는 말을 들었다
성직자라는 족쇄를 평생 차고 살았으니
하고 싶은 말도 마음 놓고 못 했을 테고
끓어오르는 화도 무조건 참아야 했을 것이며
억울한 일을 당해도 하소연할 곳도 없었을 테니
그럴 법도 하리라
한국 장로교회의 성자로 소문난 목사님도
말년엔 가족들이 아무에게도 면회를 시키지 않았다고 한다
그분도 예외가 아니었나 보다
그러니 나 같은 미생은 어떠하겠는가?
나도 보장할 수 없다
멀쩡한 때도 욕하고 싶을 때가 있는데 그땐 오죽하랴
그러니 절대로 치매는 걸리지 말자

2장

노래가 있는 삶

입이 꽃과 같아라

　많은 경우 인간관계가 깨지는 이유는 말 때문이다. 말 때문에 상처를 주기도 하고 받기도 한다. 가정에서 부부지간 또는 부모와 자녀지간에도 말 때문에 상처를 받는 일은 비일비재하다. 말 때문에 서로에 대한 신뢰가 깨어지고 평안을 빼앗기는 경우가 많다. 또한 교회 공동체에서도 말 때문에 어려움을 겪는 경우가 허다하다.

　말로 인한 상처는 공동체의 영적 수준을 낮아지게 만든다. 그래서 야고보 장로는 말의 실수가 없는 사람은 온전한 사람이라고 했다. "우리가 다 실수가 많으니 만일 말에 실수가 없는 자라면 곧 온전한 사람이라 능히 온 몸도 굴레 씌우리라"(약 3:2). 혀는 불과 같아서 모든 선한 것과 아름다운 것을 다 태워 버릴 수도 있다. 혀에 재갈을 물리지 않으면 악이 지칠 줄 모르고 나오게 되고 사람을 죽이는 독이 쉬지 않고 품어질 수 있다(약 3:8).

　우리의 모순은 한 입에서 찬양과 저주가 함께 나온다는 것이다. 하나님은 이것을 기뻐하지 않으신다. 어떻게 한 샘에서 단물과 쓴 물이 동시에 나올 수 있단 말인가? 그러므로 우리의 입에서는 축복하고 격려하고 칭찬하는 말만 나와야 한다. 하나님을 찬양만 하는 입이 되어야 한다. 잠언은 듣기 좋은 말은 은 쟁반의 금 사과와 같다고 기록하고 있다(잠 25:11).

입이 꽃과 같아라
말이 아름답도록

입이 꿀과 같아라
말이 달콤하도록

입이 참기름 같아라
말이 맛을 내도록

입이 거울 같아라
말이 정직하도록

입이 햇과일 같아라
말이 신선하도록

그대 날 떠났어도

　일반적으로 사랑은 기쁨을 주지만 슬픔을 줄 때도 많다. 사랑이 깊을수록 기쁨은 배가 되지만 그만큼 슬픔도 클 수 있다. 특히 가정에서 한 생명이 태어났을 때 얻는 기쁨은 무엇과도 비교할 수 없을 정도로 크지만, 사랑하는 가족 중 누군가와 작별을 할 때의 슬픔은 말로 설명하기가 어렵다.

　그러므로 그리스도인은 성경적으로 죽음을 이해할 필요가 있다. 우리는 평생 세 가지의 부르심을 받는다. 첫째는 구원으로의 부르심이다. 하나님의 은혜와 사랑 덕에 우리는 죽음에서 생명을 얻게 되었다. 그 결과 하나님의 세계, 곧 믿음의 세계로 들어오게 되었다. 따라서 구원의 확신을 가지고 구원 얻은 자답게 당당하게 살아야 한다.

　둘째는 사명으로의 부르심이다. 하나님은 당신이 구원하신 사람들과 함께 일하신다. 하나님은 우리를 당신의 동역자로 부르신 것이다. 따라서 하나님의 은혜에 보답하는 마음으로 또 하나님을 사랑하는 표현으로써 그분이 원하시는 일에 참여해야 한다.

셋째는 천국으로의 부르심이다. 죽음은 하나님 나라로의 초대이다. 이 땅에서의 수고를 그치고 쉬게 하시는 진정한 쉼으로의 초대다. "또 내가 들으니 하늘에서 음성이 나서 이르되 기록하라 지금 이후로 주 안에서 죽는 자들은 복이 있도다 하시매 성령이 이르시되 그러하다 그들이 수고를 그치고 쉬리니 이는 그들의 행한 일이 따름이라 하시더라"(계 14:13). 결국 그리스도인에게 죽음은 축복의 사건이다.

그대 날 떠났어도 난 그댈 보내지 않았어요
그대와 쌓은 아름다운 추억들 지워지지 않도록

그대 날 떠났어도 난 그댈 떠나지 않았어요
행복했던 순간들 너무나 소중해 마음속에 담아 둘래요

그대 날 떠났으니 나도 이제 그댈 보낼래요
그대와 만든 사랑 이야기 슬픈 노래가 되지 않도록

사랑의 슬픔보다 사랑의 기쁨을 노래하면서 살고 싶어
나도 이제 그댈 떠날래요

제비꽃

　자존감이 낮거나 열등감을 가진 사람들은 자신의 인생을 살기보다는 타인에 의한 인생을 살기가 쉽다. 타인의 눈을 지나치게 인식하기 때문이다. 그들은 타인에게 인정받지 못할 것에 대한 두려움 때문에 눈치를 보거나 마음에 없는 행동을 하곤 한다.

　타인을 지나치게 의식하지 않고 눈치 보지 않고 산다는 것은 예의 없이 살아도 좋다는 것을 의미하는 것이 아니다. 인간으로서 지켜야 할 도리를 다하면서도 주관적으로 행동하는 것을 의미한다.

　타인에게 삶의 주도권을 내어 주는 것은 자신을 스스로 얽매이는 어리석은 행위다. 우리는 하나님의 형상을 따라 지음 받은 존재로서 그리스도 안에서 자유롭게 살아야 한다. 사울 왕은 백성들의 눈치를 보면서 통치를 했다. 그 결과 그는 하나님의 뜻에 합당하지 않은 백성들의 요구도 들어 주어야만 했다. "사울이 사무엘에게 이르되 내가 범죄하였나이다. 내가 여호와의 명령과 당신의 말씀을 어긴 것은 내가 백성을 두려워하여 그들의 말을 청종하였음이니이다"(삼상 15:24).

그는 불행하게 왕 노릇 하다가 세상을 떠났다. 그러나 예수님은 주변의 시선을 의식하지 않고 자신의 인생을 사셨다. 제자들이나 군중들 그리고 가족들의 기대에 부응하지 않고 당신이 해야 할 일을 하셨고 가야 할 길을 가셨다.

길모퉁이 담벼락 밑에
연보라색 옷을 입은 활짝 핀 제비꽃이
지나가던 나와 눈이 마주쳤다

나만큼이나 키가 작은 꽃
그늘을 만들어 주지 못하고 짙은 향을 내지는 못해도
자기만의 색으로 존재감을 드러내고 있구나

서너 발자국 옆에 펴 있는
노란색 민들레를 부러워하지 않고
둘러싸여 있는 들풀에도 기죽지 않은 채
당당하게 자기 인생을 살아가는구나

겸양히 개성을 살리면서도
함께 어울려 살 줄도 알고
척박한 환경에서도 고고한 너는
불협화음만 만들어 내는 인간보다 낫구나

봄의 뒤안길

적어도 인생을 후회하면서 살지는 말아야 한다. 인생을 후회로 마감하지도 말아야 한다. 최선을 다해서 열심히 살았다면 뜻한 바를 이루지 못했을지라도 후회할 필요는 없다. 단지 아쉬울 뿐이다. 결과와 상관없이 최선을 다했다면 우리의 삶은 그것만으로도 가치가 있다.

만일 후회하지 않는 인생을 살고 싶다면 첫째, 지혜로운 처신이 필요하다. 어! 하다 지나 버리는 것이 시간이기 때문이다. 둘째, 주어진 일을 최선을 다해서 감당해야 한다. 사도 바울은 후회 없는 인생을 산 모범적인 인물이다. 그는 달려가야 할 길을 다 달렸다. 예수님께 받은 사명도 다 완수했다. 그리고 이후로 얻게 될 의의 면류관을 바라보면서 말년을 보냈다. "나는 선한 싸움을 싸우고 나의 달려갈 길을 마치고 믿음을 지켰으니 이제 후로는 나를 위하여 의의 면류관이 예비되었으므로 주 곧 의로우신 재판장이 그 날에 내게 주실 것이며 내게만 아니라 주의 나타나심을 사모하는 모든 자에게도니라"(딤후 4:7-8).

참으로 닮고 싶은 삶이다. 큰 공을 세운 일이 없을지라도 후회할 것 없고 부끄러울 것도 없이 열심히 살았다면 인생을 멋지게 산 것이다. 설령 부끄러운 일이 있었다고 해도 마무리를 잘했다면 이 또한 훌륭한 삶이다.

오는 듯 가 버린 봄의 뒷모습에서
어! 하다 예순 문턱에 서 있는
내 모습이 보인다
이렇게 살다간
죽음도 그렇게 맞이하겠지

그래도 겨울 추위 잘 이겨내고
피워야 할 꽃 다 피우고 갔으니
후회도 아쉬움도 없으리라
나 남은 인생 그대처럼 살아 보리라

노래할 이유

　20여 년 전, 선교지 중국으로 떠나기에 앞서 전 짐을 정리하면서 그동안 너무 많은 것을 가지고 살았다는 것을 깨닫게 되었다. 그러면서 머리를 스쳐가는 생각은 모든 것을 너무 당연시하면서 살았다는 것이다. 한마디로 감사가 없었던 것이다. 그 후 일상적인 것 혹은 평범한 것들의 의미와 가치를 소중히 여기면서 감사를 잊어버리지 않으려고 애를 쓰며 여기까지 살아왔다.

　미학은 학문이나 예술에만 있지 않고 우리의 삶에도 있다. 생활 구석구석에 놓여 있는 아름다운 것들, 즉 작은 의미만 부여해도 삶의 가치를 높여 줄 수 있는 그것들을 볼 줄도 알고 표현할 줄도 아는 지혜가 필요하다. 그 이유는 거기에 감사할 것과 부를 노래가 담겨 있기 때문이다. 그래서 일상을 한 폭의 수채화같이 아름답게 만들 수 있어야 한다.

　삶이 곧 미학이다. 삶의 아름다움과 감사를 발견한 시편 기자는 이렇게 노래하였다. "할렐루야 그의 성소에서 하나님을 찬양하며 그의 권능의 궁창에서 그를 찬양할지어다. 그의 능하신 행동을 찬양하며 그의 지극히 위대하심을 따라 찬양할지어다"(시 150:1-2).

뇌성마비로 태어나 힘들게 살고 있는 사람이
하나님은 공평하신 분이라고 노래를 하고

다운증후군, 자폐증, 지적장애를 가진 사람들이
세상은 아름답다고 노래하는데

몸도, 마음도, 건강하게 태어난 나는
무엇을 노래할꼬?

언제 진정한 감사가 마음에 있었던가?
언제 진정한 노래가 입에서 불렸던가?

사랑하는 내 님

　그리스도인들은 하나님께 구원을 선물로 받았다. 그 선물은 그분의 은혜와 사랑 때문에 믿음으로 얻은 것이다. "너희는 그 은혜에 의하여 믿음으로 말미암아 구원을 받았으니 이것은 너희에게서 난 것이 아니요 하나님의 선물이라. 행위에서 난 것이 아니니 이는 누구든지 자랑하지 못하게 함이라"(엡 2:8-9).

　구원의 은혜와 감사를 고백하면 예배에 늘 감동이 있고, 찬송을 형식적으로가 아닌 신앙고백으로 부르게 된다. 구원의 선물은 신앙생활을 메마르지 않게 해 준다. 그러나 구원의 확신이 부족하면 그 선물은 소용없게 된다.

　또한 그리스도인들은 평강을 선물로 받았다. 그 선물은 예수 그리스도를 전적으로 믿음으로써 얻는 것이다. 예수님은 그를 믿는 자들에게 세상이 알 수도 없고 줄 수도 없는 평강을 주셨다(요 14:27). 그 평안을 누리면서 살면 삶의 수준이 높아진다. 그러나 믿음이 부족하면 근심과 염려가 평안의 자리를 대신하기 때문에 삶의 수준이 낮아질 수밖에 없다. 평안하게 사는 것과 근심하며 사는 것은 하늘과 땅만큼 차이가 난다. 신앙인들은 하나님께 받은 좋은 선물들을 빼앗기지 말고 누리면서 살아야 한다.

바람아! 바람아! 불어오지 마라
사랑하는 내 님의 향취가 날아가지 못하도록

비야! 비야! 내리지 마라
사랑하는 내 님의 흔적이 지워지지 않도록

눈아! 하얀 눈아! 내리지 마라
사랑하는 내 님의 어여쁜 얼굴이 가려지지 않도록

세월아! 세월아! 너무 빨리 가지 마라
사랑하는 내 님과의 추억이 잊히지 않도록

아내를 위한 노래

　세상에서 가장 힘든 일이 두 가지가 있는데 그중 하나는 결혼하여 배우자의 역할을 하는 것이요, 다른 하나는 자식을 낳아 부모 노릇을 하는 것이다. 행복이라는 가면을 쓴 결혼 생활 이면에는 말로 다할 수 없는 고충도 담겨 있다. 잠언에 종종 배우자에 관한 말씀이 기록되어 있는 것을 보면 그만큼 결혼 생활이 어렵다는 것을 의미할 것이다. 함께 사는 법을 모르기 때문에 피차 맞추어 살아야 하는데 그것이 어려운 것이다. 배우자에게 맞추지 않고 자신에게 맞추려 하니 어려울 수밖에 없다.

　결혼 생활을 어떻게 하느냐에 따라서 삶이 행복해지기도 하고 불행해지기도 한다. 행복은 결혼했다고 저절로 주어지지 않는다. 행복은 두 사람이 함께 노력해야 얻어지는 것이다. 예수님이 죽어 주셨기 때문에 우리가 살 수 있었던 것처럼, 결혼 생활의 행복도 배우자에 대하여 자신이 죽는 만큼 채워진다.

　행복은 배우자를 소중히 여기는 것에서부터 시작된다.

부부는 살아가면서 친밀감을 많이 쌓아야 노년에 서로에게 좋은 친구가 될 수 있다. 부부가 한평생 함께 산다는 것은 참으로 위대한 일이다. 그 위대함은 30년을 함께 살아 보니 알 것 같다. "사랑아 네가 어찌 그리 아름다운지, 어찌 그리 화창한지 즐겁게 하는구나"(아 7:6).

그녀는 예쁘다
30년을 넘게 쳐다본 얼굴인데도 여전히 예뻐 보인다
얼굴에 기미 잡티가 조금씩 드리워져도 아름다움은 여전하다

그녀는 우아하다
30년을 함께 살았는데도 한결같이 우아해 보인다
학창시절 내 눈을 사로잡았던 그 청순함이 지금도 여전하다

그녀는 현명하다
집안 살림, 요리, 문화를 즐기는 모습에
여인의 향기가 배어 있다

그녀는 사랑스럽다
처음 만난 순간부터 37년 세월이 지난 지금도
변하지 않는 것을 보니 아직 사랑이 많이 남아 있는가 보다

사랑이 전부입니다

　인생을 가장 행복하게 사는 사람은 누구일까? 아마도 사랑을 받기도 하고 사랑을 하기도 하면서 사는 사람일 것이다. 이와는 반대로 인생을 불행하게 사는 사람은 누구일까? 그렇다. 사랑을 받지도 못하고 사랑을 하지도 못한 채 사는 사람일 것이다. 어느 세계를 막론하고 인간 삶의 가장 중요한 주제는 사랑이다. 음악, 문학, 미술 등 모든 주제는 '사랑' 하나로 통일된다. 심지어 성경도 사랑이 주제다.

　사도 바울은 인생을 힘들게 살고 있는 고린도 교회 성도들에게 믿음, 소망, 사랑, 이 세 가지는 항상 있을 것인데 그 중에 제일은 사랑이라고 강조했다(고전 13:13). 기독교 신앙의 핵심은 사랑이다. 왜냐하면 하나님은 사랑이시기 때문이다.

　하나님이 하나님이신 까닭은 사랑이시기 때문이다. 그분의 형상을 따라 지음 받은 사람이 사람인 까닭도 역시 사랑 때문이다. 사랑이 없으면 살아도 사는 것이 아니다. 사랑해 보라. 사랑을 받아 보라. 삶의 풍요로워질 것이다.

사랑 때문에
살기도 하고 죽기도 하는 것이 사람입니다

사랑 때문에
웃어도 보고 울어도 보아야 인생을 아는 법

사랑을 불러야 노래는 노래가 되고
사랑을 읊어야 시는 시가 되듯이

사랑을 줄 줄도 알고 받을 줄도 알아야
삶은 삶이 되고 사람은 사람이 됩니다

사람이 사람인 까닭은 사랑 때문입니다
사랑하지 않으면 살아도 사는 것이 아닙니다
사랑은 사람에게 전부입니다

예담이 _____

믿음의 사람들은 자녀를 하나님의 유산 상급, 선물(시 127:3), 혹은 하나님의 걸작품이라고 표현한다. 이것은 세상에서 가장 적합한, 그리고 멋진 표현이다. 자녀를 낳고 부모가 되어 보니 그런 표현들이 십분 공감이 된다. 자녀들을 바라볼 때마다 비록 그들이 장성했음에도 불구하고 걸작품이라는 생각과 선물이라는 생각이 떠나질 않는다.

삶이 불행한 사람들의 공통점은 정체성이 잘못 형성되었다는 것이다. 어려서부터 부모님에게 하나님의 유산이요 선물로서의 가치를 인정받지 못하면 건강한 자존감을 가질 수 없다. 이런 사람들은 "당신은 사랑받기 위해 태어난 사람"이라는 찬양에 대하여 거부감을 많이 갖는다. 그 이유는 자신은 부모님에게 충분한 사랑을 받지 못했고, 그 결과 성인이 되어서도 힘들게 살고 있으니 그 노래의 가사는 틀렸다는 것이다. 이런 사람들은 하나님 안에서 자신의 정체성을 새롭게 발견하지 못하면 회복되기가 어렵다.

하나님은 자신의 이름을 걸고 나를 창조하셨다(사 43:7).

하나님이 생각하는 나와, 사람이 생각하는 나 사이에는 괴리감이 있다. 사람은 특히 부모는 나의 정체성을 많이 왜곡시킨다 하더라도 하나님 아버지는 나를 있는 모습 그대로 받아주시고 인정하신다. 타인과 비교하지도 않으신다. 나의 진짜 모습은 하나님 안에 있다.

십수 년 속을 애타게 하더니
어디서 그렇게 어여쁜 천사로 날아왔는고?
절망과 소망 사이를 오가게 하더니
어찌 이렇게 큰 선물이 되어 왔는고?

흘러내리는 긴 머리카락
귀 너머로 빗어 올리는 모양새가
어찌 그리 우아해 보이는고
소녀스럽기 짝이 없구나

이리 보아도 사랑스럽고
저리 보아도 사랑스러우니
신묘막측하다던 창조주의 솜씨가
과연 듣던 대로구나

복이 있으리라
세상 살아가는 날 동안
너로 인해 복이 있으리라
함께하는 자들에게도

그분을 위해서라면

　예수님의 제자가 된다는 것은 자신의 주권과 소유권을 그분께 드린다는 것을 의미한다. 예수님을 믿고 구원을 얻었을 때 우리는 이미 모든 권한을 그분께 위임한다는 사인을 했다. 이것은 마치 패전국 병사들이 승전국 병사들 앞에서 모든 무기를 내려놓고 손들고 서 있는 것과 비슷하다.

　신앙생활을 하면서 내적 갈등을 겪는 대부분의 이유는 자신의 주권과 소유권을 주장하기 때문이다. 여기서 놀라운 것은 예수님의 주권과 소유권을 인정하면 할수록 자유를 경험하지만, 자기 것을 주장하면 할수록 눌림을 경험한다는 것이다.

　자신의 주권과 소유권을 주님께 드린다고 해서 노예로 산다는 것을 의미하지는 않는다. 주님이 가라고 하시면 가고, 멈추라고 하시면 멈출 때 진정한 자유가 있다. 그러므로 주님이 내려놓으라 하시면 내려놓고, 취하라고 하시면 취하는 것이 우리가 사는 방법이 되어야 한다. 사도 바울은 자신이 사는 것도 주를 위해서 살고, 죽는 것도 주를 위해서 죽으니 사나 죽으나 다 주의 것이라고 고백했다(롬 14:8). 이것이 진정한 자유로운 영혼의 삶이다.

나는 평생 춤을 추어 본 적이 없다
학창 시절 유행하던 고고 춤의 가락에도
내 몸을 맡겨 본 적이 없다
춤 경험을 억지로 끄집어 내놓으라면
교회 학생회에서 연례행사로 열렸던
포크 댄스가 전부일 뿐이다

그런 내가 나이 육십에 춤을 추었다
그것도 나의 신체 조건과는 어울리지 않는
탭 댄스를 추었다
예수님을 위해서, 성도들을 위해서, 춤을 추었다

주님을 위해, 교회를 위해, 양들을 위해
이미 죽기로 한 내가 무슨 짓을 못하리요
그분을 위해서라면 춤보다 더한 일도 하리라

누가 세월을

 넌센스 퀴즈 중에 '세상에서 가장 빠른 새는 무엇인가?'라는 문제가 있다. 답은 '눈 깜짝할 새'이다. 세월의 빠름을 풍자한 퀴즈인 듯하다.

 세월의 속도가 빠르다는 것은 나이를 먹을수록 더 확실하게 느끼는 것 같다. 20대 초반에는 내 인생에 40대가 과연 올까 싶었고, 30대에는 50대가 과연 올까 싶었는데, 벌써 60줄에 들어섰다. 돌아보니 세월은 강물처럼 쉼 없이 흘러갔다. 그래서 지난 세월을 아쉬워하기도 하고 앞으로의 세월을 어떻게 살아야 할지 지혜를 모으기도 한다.

 시간에 관한 잠언이 여러 번 기록되어 있는 이유는 세월을 결코 되돌릴 수 없기 때문일 것이다. 그래서 하나님의 사람 모세도 시간을 지혜롭게 사용할 수 있도록 도움을 구하는 기도를 하나님께 드렸다. "우리의 연수가 칠십이요 강건하면 팔십이라도 그 연수의 자랑은 수고와 슬픔뿐이요 신속히 가니 우리가 날아가나이다. 누가 주의 노여움의 능력을 알며 누가 주의 진노의 두려움을 알리이까. 우리에게 우리 날 계수함을 가르치사 지혜로운 마음을 얻게 하소서"(시 90:10-12).

그는 세월의 흐름을 날아간다고 표현하였다. 그렇다. 한 번 지나가면 다시 올 수 없는 것이 세월이다. 그래서 하루하루를 지혜롭게 사는 것이 중요하다. 결코 허송하는 날들이 없어야 한다. 오늘이 모여 세월이 되는 법이니 하루를 그냥 보내지 말아야 한다.

"세월아 가지를 말아라"
잠시 휴식을 취하려고 고속도로 휴게소에 이르자
어디선가 익숙한 목소리의 노래가 흘러나오다
"세월아 가지를 말아라"

세월을 잡아맬 수 있다면 얼마나 좋을까?
세월을 잠시 멈추게 할 수만 있어도 얼마나 좋으랴

누가 세월의 발목을 잡을 수 있단 말인가?
누가 세월이 가는 길을 막아설 수 있단 말인가?

차라리 세월과 벗하여 열심히 사는 편이 나으리라
차라리 세월을 따라 행복하게 사는 편이 나으리라

3장

편지를 나누는 삶

아버지의 편지 1

　천국에 계신 아버지를 회상하면 항상 인자함이 떠오른다. 아버지는 언제나 가정을 천국으로 만드는 분이셨다. 그리고 사도 바울의 권고대로 자녀들을 노엽게 하지 않으셨고 주의 교훈과 훈계로 양육하신 분이셨다(엡 6:4).

　어린 시절을 회상해 보면 아버지와 함께했던 추억들이 참 많았다. 고향 근처 큰 시냇가로 가족을 이끌고 가서 물놀이도 하고 고기도 잡고 모래밭에 새들이 여기 저기 낳아 놓은 알을 줍던 일, 멀리 강원도와 경상남도에 살고 계신 고모님 댁을 완행열차를 타고 여행 삼아 방문했던 일, 해질 무렵 마을 동산을 산책하던 일, 방학 때 아버지께서 목회하시던 시골 교회를 방문하여 함께 좋은 시간을 보내던 일, 특히 주전자 들고 산딸기를 따기 위해 산을 누비던 일 등 아버지와의 추억은 이루 다 헤아릴 수 없다.

　아버지의 영향으로 나는 지금도 가족과 함께하는 시간을 중요하게 여긴다. 그리고 형제자매들과 함께하는 시간도 종종 갖는다. 가정은 행복해야 한다는 것을 아버지는 친히 삶으로 보여 주셨다. 그리고 행복한 가정을 유산으로 물려주셨다. 비록 당신은 재정적으로 뒷받침해 주지 못한 것에 대한 미안함을 가지고 계셨지만 돈보다 더 소중한 것을 물려준 가장 훌륭하신 분이셨다.

보고 싶은 기훈이에게 쓰는 회답서

변덕스러운 장마와 무더위 속에서도
하나님의 은혜 속에서 평안무사하다니 더욱 감사하구나
널 위해 건강과 영력을 더해 달라고
항상 기도하는 어머니 아버지
네 편지 받고 감사의 눈물을 흘렸단다

감사한 일이다
사람은 가벼운 일을 행하는 것보다
무거운 일을 헤쳐 나갈 때 개발되는 것이다
그러므로 맡긴 사명인 줄 알고 충성하기를 바란다
집은 다 건강하구나

기도 많이 하고 연구 많이 해서
훌륭한 일꾼이 되기를 바란다
하고 싶은 말 다음으로 미루고 이만 줄인다
건강, 충성 다할 것

아버지의 편지 2

　목사 선배이신 아버지는 멋진 멘토셨다. 가정에서는 가장으로서 롤 모델이 되어 주셨고, 교회에서는 목사로서 롤 모델이 되어 주셨다. 넷째인 내가 신학대학원에 합격하였을 때 그리고 목사 안수를 받았을 때 가장 기뻐하셨던 분이 아버지였다.

　아버지의 인품은 당시 노회의 목사님들로부터 존경을 받을 만큼 훌륭했다. 아버지는 시골 교회의 목사였기 때문에 노회에서 리더 역할을 할 수 있는 조건을 갖추지 못했다. 지금도 그렇지만 당시에는 어느 정도 교회의 규모가 있어야 노회장이 될 수 있었다. 그런데 후배 목회자들이 아버지의 은퇴를 명예롭게 해 드려야 한다는 취지로 아버지를 노회장으로 추대했다. 아버지는 이렇게 동역자들에게 존경을 받는 목회자셨다. 또한 아버지는 내가 신학교를 다닐 때부터 목회자 선배로서 조언을 아끼지 않으셨다. 그분의 조언에는 당신의 아들이 훌륭한 목회자가 되길 원하는 바람이 고스란히 담겨 있었다.

아버지가 주신 조언 중에서 지금도 명심하고 있는 것이 몇 가지 있는데 첫째는 교만하지 말라는 것이었다. 교만할 때 사탄이 틈을 탄다는 것을 종종 강조하셨다. 둘째는 맡은 일에 충성하라는 것이었다. 그래야 하나님께 인정받는 종이 될 수 있다는 것이다. 셋째는 공부를 게을리하지 말라는 것이었다. 아버지는 사도 바울이 비유로 들었던 권면하고 위로하는 바로 그런 분이셨다(살전 2:11).

은혜 중 평강을 기원함
온유를 명랑하게 잘 길러
좋은 일꾼 되게 하기를 기원하는 바이다
너희들 세 식구 위해서 매일 5시 30분에 기도한다
같이 기도하는 시간이 되길 바란다
청주 식구들은 모두 다 평안들 하단다
집사님들의 기도명단을 동봉하니
타이프해서 보내도록 하여라

언제나 몸조심하고 기도 많이 해서
은혜에 충만하기를 기원하며
칭찬받을 때 조심해서 충성을 다하기를 바란다
칭찬받을 때 시험 드는 것이요
마귀는 항상 뒤따른다는 것을 명심해서
매사를 명백하게 실행하므로 책잡을 것이 없도록 주의하여라
할 말은 많으나 이만 줄인다

아들에게 주는 당부

    자동차를 운전하는 것은 평생 주의해야 할 일이다. 왜냐하면 백 번 잘하다가도 한 번 실수하면 자신의 생명을 잃어버리거나 타인의 생명을 앗아갈 수 있기 때문이다.

    한 순간이라도 주의를 집중하지 않으면 예측할 수 없는 위험한 상황이 벌어질 수 있는 것이 운전이다. 예를 들면 후진을 할 때 늘 주의를 기울인다 해도 어느 순간 딱 한 번 그냥 하다가 사람이 지나가거나 장애물이 세워져 있어 사고가 날 수 있다. 이런 비슷한 상황은 운전을 할 때 언제든지 벌어질 수 있다. 그래서 평생 주의를 해야 한다.

    신앙생활도 마찬가지다. 사탄은 호시탐탐 우리를 유혹하며 넘어뜨릴 자를 찾고 있다. 그래서 베드로 사도는 정신을 차리고 깨어 있으라고 권면하였다. "근신하라 깨어라 너희 대적 마귀가 우는 사자 같이 두루 다니며 삼킬 자를 찾나니"(벧전 5:8).

    그러므로 믿음의 주요 온전케 하시는 이인 예수님을 평생 바라보고 살아야 한다. 어느 한 순간이라도 영적으로 한

눈을 팔게 되면 사탄의 시험에 넘어질 수 있다는 사실을 기억해야 한다. 해바라기가 평생 해만 바라보고 살다가 열매를 맺듯이, 우리도 평생 주님만 바라보고 그분의 말씀을 행하면서 살다가 풍성하게 열매 맺는 신앙인이 되어야 할 것이다.

운전 습관은 자신의 인격과 같은 것이니
평생 매너 있게 운전을 해야 한다

교통 법규는 습관적으로 잘 지켜야 한다
그것이 돈 버는 일이기 때문이다

한 번의 실수로 생명을 빼앗길 수도 있다
한 순간도 방심하는 일이 없어야 한다

사고를 당할 수는 있어도 사고를 내지는 마라
타인에게 고통을 주는 것은 나쁜 일이기 때문이다

너의 불행은 가족 모두의 불행이 된다
가족의 행복을 생각하면서 차를 몰고 다녀야 한다

아들의 위로

　건강한 가정은 위기를 당할 때 가족들이 한 팀이 되어 함께 헤쳐 나간다. 이러한 가족은 서로 의지하고 위로하고 격려하면서 가족애를 돈독히 세워 간다. 그러나 건강하지 못한 가정은 위기를 당하면 가족들이 두 팀으로 나뉘어 서로 싸우다가 작은 문제를 더 크게 만들어 버리고 만다. 이러한 가족은 서로에게 힘이 되어 주기보다는 오히려 서로 정죄하고 비난하며 상처를 준다. 그러므로 가정의 성숙도는 위기를 당했을 때 가족들이 보이는 반응이나 대처하는 방법을 보면 알 수 있다.

　가족의 소중함은 아무리 강조해도 지나침이 없다. 유명한 운동선수나 예술가, 혹은 사회를 위해 큰 공을 세운 사람들 중에는 인터뷰를 할 때 먼저 사랑하는 가족에게 감사를 드린다고 고백하는 자들이 많다. 그만큼 가족이 소중하다는 것이다. 세상에서 가장 든든한 후원자는 가족이다. 가족으로부터 지원을 받지 못하면 힘을 얻을 곳이 없다.

　가족은 하나님 다음으로 험한 세상을 사는 데 꼭 필요한 강력한 에너지다. 가족 때문에 사는 게 더 힘들어지는 것은 결코 하나님이 기뻐하시는 뜻이 아님을 기억하라. 시편 기자는 가족의 힘을 이렇게 기록하였다. "보라 자식들은 여호와의 기업이요 태의 열매는 그의 상급이로다. 젊은 자의 자식은 장사의 수중의 화살 같으니 이것이 그의 화살통에 가득한 자는 복되도다 그들이 성문에서 그들의 원수와 담판할 때에 수치를 당하지 아니하리로다"(시 127:3-5).

아빠!
혹시 실패자라는 생각을 하고 있는 것은 아니겠죠!
그런 생각은 하지도 마시고요
슬퍼하지도 마세요
교인들의 수준을 높이려고 애 많이 쓰셨잖아요
내가 볼 땐 최선을 다하셨어요
귀향은 아빠의 남은 인생의 무대를 옮기시는 거예요
넓은 세상으로 다시 나아가시는 거예요
그곳에 가서서 새로운 인생을 펼쳐가세요
서울에 가서서 하실 일들이 얼마나 많아요
아빠가 자랑스러워요

생일 카드

하나님께서는 남편에게 돕는 배필인 아내를 붙여 주셨다(창 2:18). 이 말은 남편은 아내의 도움이 필요한 존재라는 뜻이다. 다시 말해서 남편은 아내의 도움을 받아야만 온전할 수 있다는 것이다.

그런데 남편들은 이런 사실을 모른 채 아내를 홀대하거나 무시하는 경향이 있다. 하나님의 눈에는 참으로 어리석은 행위로 보일 것이다. 그러므로 모든 남편들은 자신의 주제를 알아야 한다. 그래야만 아내 귀한 줄 알고 살 것이다.

그리고 아내들은 돕는 배필이라는 정체성을 잊어버리면 안 된다. 남편을 돕는 일이나 집안일을 하나님이 허락하신 일로 알고 충성해야지 하찮은 일로 여겨서는 안 된다. 돕는 자로서의 역할을 바로 알고 기쁨으로 감당해야 자신도 복을 받고 가정도 복을 받을 것이다.

부부 관계는 아내가 남편에게 순종하고 남편은 아내를 자기 몸처럼 사랑함으로써 성숙해진다(엡 5:22-25). 그리고 가정이라는 수레는 아내가 앞에서 끄는 것이 아니라 남편이 앞에서 끌고 아내가 뒤에서 밀어 줌으로써 함께 끌고 가는 것이다.

> 사랑하는 당신!
> 생일을 축하하오
> 나이는 세기가 싫소
> 언제나 청년처럼
> 계속 살아 주오
> 같이 오래오래
> 건강하게, 그리고 재미있게
> 잘 살아 봅시다
> 항상 감사해요
>
> - 사랑하는 아내

문자 메시지

예수님은 이웃 사랑에 대하여 말씀하실 때 네 몸을 사랑하듯이 네 이웃을 사랑하라고 하셨다(마 22:39). 이 말씀에 따르면 자신을 사랑하지 못하는 사람은 이웃을 사랑하지 못한다. 즉, 자기를 사랑할 줄 아는 사람만이 이웃을 사랑할 수 있다는 것이다.

그렇다면 우리가 사랑해야 할 이웃은 누구인가? 바로 가족이다. 가족은 최측근에 있는 이웃이다. 가정은 사랑을 실습하는 학교다. 가정은 사랑 학교다. 가족은 가장 가까운 이웃이기 때문에 서로의 약점을 누구보다 잘 안다. 허물도 안다. 그리고 실수도 자주 한다. 그렇지만 가족이기 때문에 용서도 하고 허물을 덮어 주기도 하면서 사랑하는 법을 배우는 것이다.

그리고 가족관계가 성숙해지면 서로에 대한 사랑이 깊어질 뿐 아니라 감사 표현도 잘하게 된다. 여기에서 기억해야 할 가장 중요한 것은, 가정 안에서 가족끼리 서로 사랑하게 되면 자기를 사랑할 줄 알게 된다는 것이다. 그리고 그 사랑으로 이웃을 사랑할 수 있게 된다는 것이다. 사랑은 흘러가는 속성을 가지고 있다. 사랑은 하나님으로부터 나에게, 나로부터 이웃에게로 흘러간다.

사랑하는 여보
30년을 함께 살아 주어서 고마워요

사랑하는 온유 양선
아들로 태어나 주어서 고마워요

사랑하는 하나님
30년간 우리 가정을 지켜 주셔서 고마워요

감사합니다
사랑합니다
축복합니다

결혼을 앞둔 아들에게

하나님께서는 우리가 이 세상에서 천국을 경험할 수 있도록 세 곳을 선물로 주셨다. 첫째 장소는 예수님 믿고 구원받은 사람의 마음이다. 이는 "초막이나 궁궐이나 내 주 예수 모신 곳이 그 어디나 하늘나라"라는 찬송이 증명해 준다. 하나님은 우리를 지옥이 아닌 천국에서 살게 하시기 위하여 구원해 주셨다. 구원의 확신이 분명할수록 내 안의 천국도 견고해진다.

둘째 장소는 교회다. 교회는 천국의 모형이다. 서로 다른 출신과 배경과 성향을 가진 사람들이 예수 그리스도의 이름으로 모여 함께 예배하면서 그리스도의 몸을 이루는 것은 천국에서의 삶을 연습하는 것이다. 성도들이 연합할 때 교회는 천국이 되어 간다.

셋째 장소는 가정이다. 가정은 작은 천국이다. 하나님께서 남녀를 부부로 삼으신 것은(창 2:21-23) 맡겨 주신 가정을 천국으로 만들라는 사명을 주신 것이다. 그러므로 부부는 하나님이 의도하신 대로 가정을 천국으로 만들 책임이 있다. 그런데 가정을 천국으로 만드는 부부가 있는가 하면 지옥으

로 만드는 부부도 있다. 가정을 천국으로 만드는 것이 하나
님께 영광을 돌리는 것임을 명심해야 한다.

결혼을 하는 것은
평생 지지해 줄 자기편을 한 사람 얻는 것이다
둘이 한 팀이 되어 서로를 의지하면서 살아도
버거운 것이 삶의 여정이니
보조를 맞추어 가면서 살아 보아라

부부로 산다는 것은
유치한 일을 다툼 거리로 삼아 서로에게 실망하면서
기대와 환상의 껍질을 벗겨 가는 작업이란다
얄팍한 자존심 내세워 이기려 하면 지고
져 주면 이기는 시소게임과 같음을 기억하여라

결혼 생활은
참고 참고 또 참고 달려서
완주만으로도 상이 큰 마라톤과 같단다
남편은 리더요 아내는 도우미로서
사랑과 순종의 벽돌을 하나씩 쌓아 가면서
가정을 작은 천국으로 만들어 가길 바란다

행복한 가정은
누가 선물로 주는 것이 아니라
부부가 함께 수고해야 만들어진단다
둘이 행복하게 사는 것이 부모에게는 가장 큰 효도요
하나님께는 영광이 된다는 사실을 명심하여라

조언

젊은이들이 삶의 여정에서 직면하는 두 가지 중대사가 있다면 바로 취업과 결혼일 것이다. 요즘에는 취업을 잘해야 결혼도 할 수 있고, 또 결혼을 잘해야 행복하게 살 수 있다. 그런데 이 두 가지는 하나님의 인도하심이 절대로 필요한 영역이다. 사람의 힘만으로는 올바른 선택과 결정을 하기가 어렵다. 그렇다면 어떻게 해야 성령의 인도를 받을 수 있는가?

첫째, 성령의 인도하심을 믿고 의지해야 한다. 근심과 염려와 불안한 마음으로 미래를 바라보지 말고 성령의 인도하심을 믿으면서 바라보아야 한다. 만약 이런 태도를 가지고 기다리고 있는데도 아무런 변화가 없다면 현재 하고 있는 일을 소홀이 여기지 말고 최선을 다해야 한다. 그렇게 하면 다음 길이 열릴 가능성이 크다. 오늘 내가 하고 있는 일이 다음에 해야 할 일과 연결될 수 있다.

둘째, 신앙적으로 판단을 해야 한다. 내가 하고 싶은 일이나 원하는 직장이나 직업이 성경적으로 합당한지 여부를 잘 분별해야 한다. 아무리 자신이 원하는 일일지라도 성경적으로 합당하지 않으면 하나님도 원하시지 않는 일일 것이다.

셋째, 자신이 잘할 수 있는 일인지 혹은 즐기면서 할 수 있는 일인지를 판단해야 한다. 좋아서 선택한 일을 후회하는 경우가 많기 때문이다.

넷째, 하나님의 인도하심에 대한 믿음을 가지고 도전을 해 보라. 시편 기자는 "주의 법을 사랑하는 자에게는 큰 평안이 있으니 그들에게 장애물이 없으리이다"(시 119:165)라는 응원의 말씀을 준다.

무엇을 해야 할지
어디로 가야 할지
모른다고 해서
불안해하지 마라

앞이 보이지 않는다 해도
낙심하지 말고
현재 하고 있는 일을
최선을 다해서 해 보아라

그리하면
삶을 섭리하시는 그분께서
다음 단계로 인도하실 것이다

나에게 쓰는 편지 _____

　정체성이란 자기 존재에 대한 이해를 의미한다. 즉 자기 자신을 어떤 사람으로 이해하고 있는지를 말한다. 정체성이 건강한 사람은 자존감을 가지고 살지만, 건강하지 못한 사람은 열등감을 가지고 살게 된다.

　정체성은 일차적으로 성장 과정에서 부모에 의해 결정된다. 어릴 적에 부모로부터 사랑을 충분히 받았거나 자녀로서 인정을 받으면 자존감이 형성되어 자신을 괜찮은 사람으로 인식하게 된다. 그러나 여러 가지 이유 때문에 충분한 사랑과 인정을 받지 못하면 열등감이 형성되어 자신을 열등한 사람으로 인식하게 된다.

　자존감과 열등감은 타인을 사랑하고 이해하는 데 영향을 미친다. 자신을 긍정적으로 인식하는 사람은 타인도 같은 시각으로 바라보게 되지만, 자신을 부정적으로 인식하는 사람은 타인도 같은 시각으로 바라보게 된다.

　이와 같은 자기 인식과 타인 인식 방법은 결혼 생활에도 그대로 반영된다. 자존감은 삶의 질을 높여 주지만 열등감은 삶의 질을 낮게 한다. 자존감과 열등감은 종이 한 장 차이처럼 보이지만 그 결과는 비교할 수 없을 만큼 크다. 그러므로 신앙인은 하나님의 형상을 따라 지음 받은 존재로서의(창 1:27) 자기 인식을 분명히 해야만 행복한 그리스도인으로 살아갈 수 있다.

작은 거인아!
지금까지 잘하고 있어
앞으로도 계속 그렇게 하여라
네가 자랑스럽구나
훌륭하구나
온갖 고난 다 이기고
여기까지 온 것만으로도
할 일을 다 한 거야
널 축복한다
널 많이 사랑한단다

사랑 담긴 대화

　기독교 신앙은 종교적 행위가 아니라 살아 계신 하나님과의 인격적인 교제다. 하나님은 사람과 인격적으로 교제하기 위하여 사람을 당신의 형상을 따라 지으셨다. 하나님의 형상이란 곧 인격을 의미한다. 그러므로 우리의 모든 신앙생활은 기복 종교들처럼 종교적 행위가 되어서는 안 된다.

　우리는 하나님과 인격적으로 교제하는 방법으로 신앙생활을 해야 한다. 예를 들면 봉사는 자신을 기준으로 하지 말고 하나님께 묻고 그분이 원하시는 방법으로 해야 한다. 예배도 형식적으로 드리지 말고 예배 가운데 임재하시는 성령님과 교통하면서 드려야 한다.

　한편 인격적인 교제의 기본은 대화이다. 대부분 기도는 하나님과의 대화라고 고백하지만 사실은 자신의 필요만 간구하는 독백을 한다. 그러므로 기도를 한 후에는 조용히 침묵하면서 하나님의 음성을 듣는 시간을 가져야 한다. 하나님께서도 말씀하실 수 있는 기회를 드려야 한다.

　그러나 하나님과의 최고의 대화는 성경 말씀을 묵상하는

것이다. 묵상이란 하나님이 보내신 문자 메시지를 읽는 것과 같다. 시편 기자는 여호와께서 경건한 사람을 택하셨으며 자신이 부르짖을 때 응답하신다고 고백했다(시 4:3).

하나님과 대화하는 것이 건강한 신앙생활 방법이다. 그런데 하나님 다음으로 대화를 잘해야 하는 것이 부부 관계와 부모 자녀의 관계다. 건강한 부부와 건강한 부모 자녀는 대화가 잘 이루어진다. 그러나 건강하지 못하면 대화가 잘 통하지 않는다. 지옥은 대화가 없는 곳이요 천국은 대화가 있는 곳이다.

"고마워요
한국에서 항상 저희를 위해
기도해 주시고, 생각해 주시는 것 정말 고마워요
저희도 항상 생각하며 보고 싶어 해요"

"철이 많이 들었네요
아드님, 사랑합니다
아주 많이 많이요"

"저도 사랑합니다
내년의 여행이 기대됩니다"

"아빠도 기대가 크단다"

4장

행복이 있는 삶

나도 사람이다

어느 집단이든지 리더 역할의 중요성은 아무리 강조해도 지나침이 없다. 아버지 학교에서는 "아버지가 살아야 가정이 산다"고 외치고, 순모임에서는 "순장이 살아야 순원이 산다"고 외친다. 이것은 순에서는 순장, 가정에서는 가장의 역할이 매우 중요하다는 것을 암시한다.

하용조 목사님은 교인들은 목회자를 잘 만나야 하지만, 목회자 역시 교인을 잘 만나야 한다고 생전에 자주 말씀하셨다. 그러면서 좋은 목사는 교인들이 만든다고 하셨다. 그만큼 목회자 한 사람의 영성이 전체 교인과 교회에 끼치는 영향이 크다는 것이다. 그래서 히브리서의 저자는 교인들을 인도하는 영적 지도자들을 신뢰하고 순종해야 하며 그들이 근심하며 일하지 않고 기쁨으로 일할 수 있게 해야 한다고 강조하였다(히 13:17). 목회자가 어떤 이유로든 마음이 상하거나 실족하게 되면 결국 손해를 보는 것은 교인들이라고 생각한다. 목회자가 편안한 마음을 가지고 목회를 할 때 깊은 묵상이 되고 은혜로운 말씀이 선포될 수 있다.

한편 리더가 갖추어야 할 덕목 중의 하나는 책임감이다. 가장은 가족들에 대한 책임감을, 목회자는 목회에 대한 책임감을 가지고 사명을 다해야 한다. 목회를 하다 보면 책임감 없는 가장 때문에 고통을 당하는 가정을 꽤 많이 보게 된다. 이런 가장들은 예수님의 책임감에서 배워야 할 것이다. 주님은 죽음의 두려움과 고통 속에서도 우리를 죄에서 구원하시려는 책임을 다하셨다는 것을 기억하라.

자식들은 아빠는 생전 아프지 않는 줄로 안다
그러나 아빠도 아플 때가 많다
자신이 쓰러지면 가정이 위태로워질지 모른다는
가장으로서의 책임감 때문에 아파하지 않을 뿐이다
그래서 몸이 아프고 마음이 상해도
가족을 위해 해야 할 일을 하면서 산다
그러나 아빠도 사람이다

교인들은 생전 목사는 아프지 않는 줄로 안다
그러나 목사도 아플 때가 많다.
목사가 쓰러지면 교회가 위기를 당할지 모른다는
리더로서의 책임감 때문에 아파하지 않을 뿐이다
그래서 실망이 커도 아무 일이 없다는 듯이
묵묵히 십자가의 길을 간다
그러나 목사도 사람이다

나를 서글프게 하는 것

　사도 바울은 부부에 관한 말씀을 여러 차례 기록했다. 그는 평생 독신으로 살았음에도 불구하고 부부의 삶에 대한 말씀을 기록했는데, 이것은 성경이 사람에 의해 쓰인 것이 아니라 성령의 감동으로 쓰였다는 것을 증명해 준다.

　부부에 관한 말씀 중에서 남편에게 주시는 말씀에 주목할 필요가 있다. 남편들은 아내를 사랑하고 괴롭히지 말아야 한다(골 3:19). 아내를 괴롭히는 것은 하나님께 죄짓는 것임을 기억해야 한다. 남편들은 그리스도께서 교회를 사랑하심같이(엡 5:25), 그리고 자신의 몸을 사랑하듯 아내를 사랑해야 한다(엡 5:28). 남편은 아내에 대한 의무를 다해야 한다(고전 7:3). 남편은 기본적으로 아내의 그늘이 되어 주어야 할 뿐만 아니라, 아내를 도와주고 지켜 주며 보호해 주어야 할 의무가 있다.

　베드로는 좀 더 강하게 남편의 의무를 강조한다. 그는 아내를 연약한 그릇으로 비유하였다(벧전 3:7). 유리그릇은 깨지지 않도록 조심스럽게 다루는 법이다. 이와 같이 남편들은 아내를 연약한 그릇으로 인식하고 아내를 조심스럽게 대해야 한다. 이것은 남편에게 주시는 아내를 위한 하나님의 요구다. 아내가 상처를 받는 것은 그릇이 깨지는 것과 같다. 그렇게 될 경우 많은 손해를 감수해야 한다는 사실을 명심해야 할 것이다.

나도 누가 해다 주는 밥 먹었으면
아플 때 마음 놓고 아파 봤으면
피곤할 때 무작정 쉬어 봤으면
졸릴 때 마냥 잠만 잘 수 있으면 좋겠네

이제껏 듣지 못했던 말들이
불쑥불쑥 아내의 입에서 내뱉어진다
오십 줄 접어들고 머리에 흰 서리 내리더니
몸과 마음이 노쇠해 가고 있음이 느껴지는가 보다

더위와 추위의 변덕스러움에 시달리고
밤과 낮이 뒤바뀌는 날이 잦아지는 것을 보니
갱년기 언덕을 넘는 일이 힘에 많이 부치는 모양이다

가끔 힘없이 소파에 앉아 있는 그녀를 보노라면
더 잘해 주지 못함에 대한 후회와
고생만 시켰다는 미안함이 마음을 짓누른다
그녀의 늙어감이 마음을 서글프게 한다

아내의 요리가 제일 맛있다

　부부의 사랑은 함께 살아가면서 성숙해지고, 그 성숙이 주는 열매는 사랑의 맛이라고 생각한다. 하나님은 부부가 사랑의 맛을 경험하면서 살 수 있도록 세 가지 결혼의 원리를 제시해 주셨다(창 2:24-25). 부모를 떠나 서로 연합하여 한 몸을 이루는 것이 바로 그것이다.

　첫째, 부부는 결혼을 하면 부모를 떠나야 한다. 이 말씀은 부모와 관계를 단절하라는 의미가 아니다. 관계의 우선순위가 부모에서 배우자에게 옮겨 가야 한다는 것이다. 부모는 결혼한 자식의 삶에 지나치게 간섭해서는 안 되며 자식은 결혼 이후 지나치게 부모를 의지하면서 살면 안 된다. 이 첫째 원리가 지켜지지 않아서 불행하게 사는 가정이 의외로 많다.

　둘째, 부부는 서로 연합해야 한다. 부부는 언제나 한 팀이 되어야 한다. 평상시는 물론 위기를 당했을 때도 더욱 한 팀이 되어 함께 문제를 풀어가야 한다. 이러한 과정을 거치면서 부부는 성숙해지는 법이다.

　셋째, 부부는 한 몸이 되어야 한다. 이 말씀은 가장 친밀한 상대는 오직 자신의 배우자여야 한다는 뜻이다. 나이가 들면 남는 것은 부부밖에 없다. 부부는 젊어서부터 친밀감을 쌓아야 늙어서도 친구처럼 살 수 있다고 한다.

함께 사는 것이 서툴던 때는
맛있다는 말을 입으로만 했지만
세월이 흘러 많은 것이 익숙해지니
맛있다는 말이 마음에서 나온다

그땐 맛이 없어도 맛있다고 말해야 했지만
지금은 정말 맛이 있어서 맛있다고 말한다

그땐 맛없는 요리를 맛있게 먹어 주느라 고생했지만
지금은 맛있게 해 준 요리를 마음껏 먹지 못해 고생한다

그땐 손님 초대해 놓고 아내가 차린 밥상 앞에서
내가 먼저 맛있다고 유도했지만
지금은 그들이 먼저 맛있다고 감탄한다

그땐 지인들을 밥상으로 초대하는 것이
부담 중의 큰 부담이었으나
지금은 자랑 중의 자랑이 되었으니
아내의 요리가 제일 맛있다

두 여인

　건강한 가정의 가족들은 서로에게 기쁨을 주고 행복을 주면서 생활한다. 그러나 건강하지 못한 가정의 가족들은 기쁨과 행복 대신에 아픔을 주고 상처를 주는 경우가 흔하다.
　가족은 함께 있음만으로도 기쁨을 주고 행복을 주는 존재다. 그런데 함께 있음이 고통이 된다면 그것은 분명히 문제가 있는 것이다. 가족은 좋은 것은 물론 어려운 것도 함께 나누는 관계다. 집이 좋아서 빨리 들어오고 싶어 해야지 집이 싫어서 늦게 들어오고 싶어 하는 것은 문제가 있는 것이다. 사랑은 함께 즐거워하는 것이다.
　그래서 전도서는 사랑하는 아내와 더불어 즐거움을 누리라고 권고해 주었다. "네 헛된 평생의 모든 날 곧 하나님이 해 아래에서 네게 주신 모든 헛된 날에 네가 사랑하는 아내와 함께 즐겁게 살지어다. 그것이 네가 평생에 해 아래에서 수고하고 얻은 네 몫이니라"(전 9:9).

어릴 적 엄마는 뜨개질의 달인이었다
나는 물론 작은 형, 여동생 할 것 없이
그분의 손으로 만들어진 옷을
늘 입고 살았다

가을은 엄마의 여리고 작은 손을
가장 바쁘게 만드는 계절이었다
내복을 대신할 털바지 뜨개질과 함께
월동 준비가 시작되었기 때문이다

밥이 뜸 들기를 기다리는 동안에도
라디오 연속극을 들을 때도
살림 다 해놓고 쉴 때도
힘들어하는 기색 전혀 없이 능숙하게 손을 놀린다
그런 엄마 옆에 앉아 있노라면 늘 마음이 포근했었다

늦은 나이에 시작한 공부하느라
시간 가는 줄 모르고 책과 씨름을 하노라면
아내는 옆에 앉아 막둥이에게 줄 목도리를 뜨고 있다
그녀에게서 엄마의 정취가 느껴진다
그리고 그때처럼 마음이 포근해진다

노트북에서 흘러나오는 인터넷 라디오 소리를 들으면서
전기 카펫 위 담요 덮고 나란히 앉아
나는 글을 쓰고 아내는 독서를 한다
마치 어릴 적 탑동 집에 있는 듯
엄마가 옆에 계신 듯 편안함이 느껴진다

내가 먼저 죽어야 한다

　남편들은 아내로부터 존경을 받아야 행복할 뿐만 아니라 밖에 나가서 어깨 펴고 당당하게 일할 수 있다. 가족을 위해서 일하는 것도 하나도 힘들게 느껴지지 않는다. 남편은 아내로부터 존경을 받아야 남자다워진다. 그러나 만약 어떤 이유로든 아내가 남편의 가장으로서의 권위를 존중해 주지 않으면 남편은 물론 본인의 삶도 불행하게 된다. 많은 아내들이 불행한 삶의 원인을 남편에게 돌리는 경향이 있다. 그러나 그것은 착각이다. 불행은 아내가 남편의 권위를 존중해 주지 않은 때부터 시작된 것이다.

　그리고 아내들은 남편으로부터 사랑을 받아야 행복할 뿐만 아니라 우아한 여자가 될 수 있다. 그래야 가정을 평안하게 꾸려 나갈 수 있다. 아내는 남편으로부터 사랑을 받아야 여자다워진다. 그러나 만약 어떤 이유로든 남편이 아내를 사랑하지 않으면 아내는 물론 본인의 삶도 불행하게 된다. 많은 남편들이 자신이 불행한 원인을 아내에게 돌리는 경향이 있다. 그러나 그것도 착각이다. 불행은 남편이 아내를 사랑하지 않을 때부터 시작된 것이다.

   그러므로 행복한 결혼 생활의 지침이 되는 성경 말씀에 귀를 기울일 필요가 있다. 아내는 남편에게 복종하고 남편은 아내를 사랑할 때(엡 5:22-25) 부부가 기대하는 행복이 만들어 질 수 있다.

    만약 신께서 "둘 중 누굴 먼저 데려갈꼬?"라고 물으신다면
    나는 재빨리 손을 들고 "저요!"라고 외칠 것이다
    그 이유는

    첫째, 사랑하는 아내가 죽는 슬픔을 감당할 수 없기 때문이다
    차라리 내가 먼저 죽거나 아니면 같이 죽는 것이 나을 것이다

    둘째, 아내가 동의할지 모르겠지만
    그녀에게 남편 없이 자유롭게 살아 볼 기회를 주기 위함이다

    셋째, 세상의 통념을 따르고자 함이다
    내가 먼저 죽는 것이 자식들의 부담을 덜어 주기 때문이다

    마지막으로 이것은 진짜 이유인데
    아내 없이 혼자 살아갈 자신이 없기 때문이다

    그래서 절대로 내가 먼저 죽어야 한다
    이기적이라는 비판을 들어도 좋다

세월 30년

　이스라엘 백성들의 출애굽 여정을 보면 우리 인생이 보인다. 하나님은 마스터 플랜을 가지고 그들을 이집트에서부터 가나안까지 인도하셨다. 그러나 이러한 하나님의 계획에 무지했던 백성들은 사사건건 하나님을 원망하며 모세를 향해 불평불만을 쏟아 냈다. 그리고 하나님을 전적으로 신뢰하지 못했던 그들은 의심과 불안 속에서 여정을 가야만 했다. 자신들이 직면했던 고난의 상황 속에 하나님의 깊은 의도가 숨어 있다는 사실을 몰랐던 백성들은 항상 불신했으며 쉬지 않고 불평했고 범사에 불만을 토로했다. 참으로 수준 낮은 생활을 하였다(신 8:2-5).

　우리 인생도 출애굽 여정과 별로 다를 게 없다. 우리의 삶은 하나님의 놀라운 계획 속에서 시작되었다. 삶의 단계마다 영적 성장에 필요한, 그러나 그 속에 하나님의 선하신 뜻이 담겨 있는 장애물이 놓여 있었다. 그 장애물을 통과할 때마다 믿음은 성장했고 성품은 다듬어 졌으며 삶이 성숙해졌다. 믿음의 여정은 하나님에 대한 무한 신뢰 없이는 불가능하다. 인생의 중요한 순간마다 하나님을 신뢰하면 그분이 세워 놓으신 불기둥과 구름기둥이 보인다. 그분이 의도하신 인생 여정을 걸어가야만 삶의 수준이 높아진다. 우리의 삶은 세월이 흐를수록 견고해지고 여유가 생기며 성숙해져야 한다. 그리고 고난을 다루는 달인이 되어야 한다.

세월은 유유히 흐르지 않았다
가뭄에 바닥을 드러내기도 하고
홍수에 휩쓸리기도 하면서
굴곡진 길을 가게 하였다

세월은 가볍게 흐르지 않았다
삶의 무게가 너무 버거워
후회와 감사를 번복케 하면서
성장통을 겪게 하였다

세월은 넓은 세계로 흘러갔다
시냇물이 강으로
강물이 바다로 흘러가듯
해마다 삶의 지경을 넓혀 갔다

세월은 두꺼운 도화지 위에
삶이라는 붓으로
희로애락을 물감 삼아
한 폭의 수채화를 그리면서 흘러갔다

부모의 기도

 자녀들이 인생을 행복하게 사는 것은 모든 부모의 바람이며 기도 제목일 것이다. 그러나 자녀들의 행복한 삶에 대한 바람에 비하여 행복하게 사는 법을 가르쳐 주는 부모는 극히 드물다.

 오늘날 한국 사회는 공부가 우상이라고 해도 과언이 아니다. 일류대학에 가고 대기업에 취직을 해야만 성공한 인생이라고 생각한다. 이러한 가치관 때문에 스펙 쌓기가 또 하나의 우상이 되고 말았다. 공부를 잘하는 것과 일류를 추구하는 것이 나쁘다는 의미는 결코 아니다. 다만 그것이 우상이 될 경우 많은 부작용을 낳기 때문에 그 위험성을 강조하는 것이다.

 자녀 교육에 있어서 무엇보다도 우선되어야 할 것은 마음이 건강한 인간으로 성장케 하는 것이다. 그 이유는 일류 스펙을 가지고 불행하게 살고 있는 사람들을 너무 많이 보았기 때문이다. 공부를 잘한다고 해서 저절로 정서적으로 건강해지는 것은 아니다. 무엇보다도 하나님을 사랑할 줄 알고 자신은 물론 타인도 사랑할 줄 아는 인간으로 성장하는 것이 가장 중요하다. 지금은 허영과 거짓을 멀리하게 해 주시고 가난하지도 않고 부하지도 않게 해 달라는 아굴의 기도가 필요한 시대다(잠 30:7-9).

하나님을 기뻐하며
그분을 위해 일하는 것도 기뻐하며 살기를

하나님을 경외하고
그분을 예배하며 사는 것이 삶의 중심이 되기를

하나님을 사랑하고 그분의 사랑을 받으며
평생 타인도 사랑하며 살기를

하나님의 은혜를 많이 받고 그 은혜를 나누어 주면서
그 은혜 안에 머물며 살기를

예수님 때문에 행복하고
하는 일과 가족 때문에 행복하게 살기를

성령의 인도를 받으며
그분이 공급하시는 힘으로 시험을 이기며 살기를

버텨야 산다

결혼 생활은 마라톤 경주를 하는 것과 같다. 처음에는 가벼운 마음과 몸으로 우승을 기대하며 출발하지만 시간이 지날수록 숨쉬기가 어려워지고 몸이 무거워지며 점점 에너지가 고갈되는 고통에 직면하게 된다. 이때쯤 아마추어들은 계속 뛸 것인가 말 것인가를 놓고 자기와의 싸움을 하게 된다. 이런 고통의 순간을 인내하면서 이겨내는 자만이 완주의 성취감과 기쁨을 맛볼 수 있다.

결혼 생활도 처음에는 사랑이라는 감정으로 시작하지만 그 사랑이 고갈되는 순간부터 위기를 맞이하게 된다. 배우자에 대한 기대가 무너지고 각자 드러내는 이기심에 상처를 주고받으면서 위기가 심화된다. 그러나 이 시점에서 분명히 기억해야 할 것은 갈등하고 다투는 순간이 두 사람이 살아갈 인생의 전부가 아니라는 것이다. 부부가 성숙해지기 위해 반드시 겪어야만 하는 과정을 통과하고 있는 것뿐이다.

인고의 시간을 거쳐야 열매를 맺게 되는 자연의 법칙은 부부 관계에도 적용이 된다. 그러므로 당장 살기가 어렵다고 주저앉거나 포기할 생각은 하지 않는 것이 현명하다. 배우자가 가지고 있는 단점 한두 가지 때문에 장점 여덟아홉 가지를 포기하는 것은 어리석은 행위다. 마라톤에서 풀코스를 완주하는 것만으로도 훌륭한 것처럼, 결혼 생활 또한 완주하는 것만으로도 위대한 것이다. 참고 견디어 보라. 영광의 날이 반드시 올 것이다. 사랑은 오래 참는 것이다(고전 13:4). 소망 가운데 기뻐하고 환난 가운데 참으며 기도에 항상 힘쓰라는 바울의 충고에 귀를 기울여 보라(롬 12:12).

결혼 생활 30년, 잘 버틴 인고의 세월
인생은 버티는 자의 손을 들어 주는 법

버텨라, 아무리 힘들어도 버텨 보라
고랭지 배추의 맛이 좋음은
덥고 추움을 잘 버텼기 때문이니

버텨라, 참을 인(忍) 쓰면서 버텨 보라
삶이 맛스러우리라

인생을 멀리 보라
지금의 고통은 점에 불과할 뿐
인내의 순간이 많을수록
사랑은 아름답게 익어 가리라

세 문장

가정생활의 행복은 가족 간의 친밀감에서 나온다. 부부 사이의 친밀감은 자녀에게 정서적인 안정감을 주고, 부모와 자녀 사이의 친밀감은 자녀들이 정서적으로 건강하게 살 수 있는 힘이 된다.

이러한 가족 간의 친밀감은 감정을 서로 표현함으로 형성된다. 그중에서도 "사랑해요, 미안해요, 고마워요"의 세 문장을 말하는 것은 우리의 감정을 최상급으로 표현하는 것이다. 이 세 문장은 사랑을 가득 담고 있기 때문에 표현될 때마다 친밀감을 증진시켜 준다.

그런데 과연 이런 표현을 하면서 사는 가정이 얼마나 될까? 가족은 상처 주기가 가장 쉬운 상대다. 따라서 원수가 되기도 가장 쉽다. 그러나 가족끼리 서로 원수로 살라고 하나님께서 가정을 창조하신 것은 아니다. 우리가 평생 하는 실수의 대부분은 가족들에게 하는 것이다. 그러므로 예수님께서 일흔 번씩 일곱 번 용서하라고 하신 말씀은(마 18:22) 가장 실수를 많이 하는 함께 사는 가족들에게 적용해야 할 말씀이다. 가족이니까 실수할 수 있고, 가족이니까 용서할 수 있는 것이다.

우리가 사랑해야 할 가장 가까운 이웃은 바로 가족이다. 오늘부터 하루에 한 번씩이라도 말이나 문자를 통해서 세 문장을 표현해 보라. 기대하지 못한 치유와 회복이 일어날 것이다.

모든 사람들이
가장 듣고 싶어 하는 말
가장 하고 싶어 하는 말

그러나 가장 하기 힘든 말
가장 못 하고 사는 말
표현하지 못해서 후회하는 말

"미안해요"
"사랑해요"
"고마워요"

사랑을 마시다

 사랑의 원천은 가정이다. 자녀는 부모에게 사랑을 받으므로 사랑을 배우고, 그 사랑으로 자신도 사랑하고 타인도 사랑할 줄 알게 된다. 즉 사랑하는 것은 사랑을 받음으로 배우는 것이다.

 이와는 반대로 부모에게 충분한 사랑을 받지 못하면 사랑이 결핍되어 자신은 물론 타인을 올바로 사랑하지 못하게 된다. 그러면서 사랑받을 곳을 찾아 헤맨다. 어디 나를 사랑해 줄 사람이 없는지 자신의 공허한 내면을 채우기 위해 방황하게 된다.

 많은 사람들이 불행하게 사는 이유의 대부분은 사랑받지 못하고 또한 사랑하지 못하기 때문이다. 사랑하려고 배우자를 찾는 것이 아니라 사랑을 받으려고 찾는다. 사랑하려고 교회 공동체를 찾는 것이 아니라 사랑을 받으려고 찾는다. 그런데 문제는 이러한 태도가 많은 부작용을 낳는다는 것이다. 자신이 기대하는 사랑이 충족되지 않을 때 결혼 생활이 불행해지기 시작하고, 교회 공동체를 어렵게 만드는 원인 제

공자가 되기도 한다.

그러므로 사람은 사랑을 받고 살아야 하며 그 사랑은 사람을 건강하게 만든다. 사랑은 먼저 하는 것이다(요일 4:10-11). 그러면 서로 사랑할 수 있게 된다. 모든 것을 덮어 주고 모든 것을 믿으며 모든 것을 바라고 모든 것을 견디는 것이 바로 사랑이다(고전 13:7).

자식이 대접하는 차를 마시니
향도 좋고, 맛도 좋고, 기분도 좋구나

황차의 열기는 언 몸을 녹여 주고
자식의 사랑은 마음을 녹여 주는구나

그날 세 식구는 그 다원에서
차를 마신 것이 아니라 사랑을 마셨다

섬길 줄 알고 사랑할 줄 아는 인간으로 성장했으니
이보다 더 큰 감사가 어디 있으리오

5장

고난이 있는
삶

당해야만 하는 고난

　믿음 생활을 하면서 드는 한 가지 의문이 있었다. 그것은 기도와 고난의 문제였다. 지난 과거에 당했던 고난들을 돌이켜 보면 기도를 열심히 했음에도 불구하고 고난은 그대로 당했던 것이다. 기도가 고난을 해결하는 데 아무 소용이 없는 때가 많았다. 너무 힘들어 믿음을 100% 담아 부르짖어도 아무 대꾸를 하지 않으실 때도 많았다. 그래서 하나님께 상처받을 뻔한 경우도 수차례 있었다.

　그런데 나중에 그 이유를 알게 되었다. 고난은 우리가 하나님이 기대하시는 성숙한 신앙인으로 성장하는 데 있어 절대로 필요한 것이었다. 고난이 없으면 성숙도 없다. 사람은 워낙 완악해서 고난을 통하지 않으면 결코 그 모난 인격과 성품이 다듬어지지 않는다. 고난은 예수님을 닮아 가는 데 방해되는 불신앙, 불순종, 교만, 게으름, 죄 등의 요소들을 제거하는 역할을 해 준다. 그래서 때로는 믿음으로 기도해도 응답하지 않으시고 오히려 고난을 된통 당하게 하신다.

　고난 속에는 하나님의 깊은 의도가 담겨 있다. 자신이 당한 고난의 영적인 의미를 발견하게 되면 고난은 더 이상 고난이 되지 않는다. 그리고 고난당한 것이 복이라고 고백할 수 있게 된다(시 119:71).

고난이 닥쳐올 때마다
순수한 믿음으로 주만 바라보았습니다
그분의 구원을 의심 없이 기대했기 때문입니다
능력의 한계를 느낄 때마다
간절한 마음으로 간구했습니다
그분의 도움을 신뢰했기 때문입니다

그러나 살다 보니
주만 바라봄이 무의미할 때가 많았습니다
환란의 물벼락을 맞아
온몸이 고통으로 적셔진 적이 많았기 때문입니다
주만 의지함도 무용할 때가 많았습니다
꼼짝 못 하고 고난에게 당한 적이
한두 번이 아니기 때문입니다
심지어 울부짖어도 소용없을 때가 많았습니다

세월이 흘러 삶의 연륜이 쌓아지면서
고난에 대한 그분의 생각은 나와 많이 다름을 알았습니다
내게는 도움이 필요한 고난만 있었지만
그분께는 한 가지 더
내가 당해야만 하는 고난도 있었습니다
그것은 나를 향한 사랑 표현 방식이었습니다

부끄러움이 몰려옵니다 ____

삶의 자리 여기저기에는 하나님이 설치해 놓으신 영혼의 거울이 있다. 자신의 모습을 직시하면서 살라고 설치해 놓으신 것이다.

그중 가장 성능이 좋은 영혼의 거울은 하나님의 말씀이다. 말씀을 읽고 묵상하다 보면 내면세계가 그대로 비친다. 죄는 물론 부끄러운 일이나 생각들이 그대로 보인다. 죄를 죄로 인식하고 회개하므로 늘 새로워질 수 있다. 그래서 시편 기자처럼 "내가 주께 범죄하지 아니하려 하여 주의 말씀을 내 마음에 두었나이다"(시 119:11)라고 간증할 수 있다.

다윗이 우리아를 최전방에서 싸우다 죽게 하고 그의 아내 밧세바를 빼앗았을 때 나단 선지자는 악덕 주인 이야기를 그에게 들려주었다. 다윗에게 영혼의 거울을 비추어 주었던 것이다. 그는 자신이 그 악덕 주인이었다는 사실을 깨닫고 침상이 젖도록 눈물을 흘리며 회개하였다(시 53편). 다윗이 그랬듯이 우리도 매일 말씀의 거울 앞에 서야 한다.

고난도 아닌 것을
고난이라고 여기며 살았고
십자가도 아닌 것을
십자가로 여기고 살았습니다

불편한 것도 아닌 것을
불편이라 여기며 살았고
걱정거리도 안 되는 것을
걱정하면서 살았습니다

많은 것을 가졌으면서도
늘 부족하다고 생각하며 살았고
포기한 것도 없으면서
많은 것을 포기한 양 살았습니다

주를 위해서 모든 것을 내려놓고
없는 것에 자유하며
불편함을 당연시하면서 사는 사람을 보니
부끄러움이 몰려옵니다

미치겠다

 잘 죽으면 살 길이 있다. 이것은 인생 60을 살아오면서 얻은 교훈이다. 양보해 주는 것이 잃는 것이 아님을 알았고, 손해를 보는 것이 손해가 아니라는 것도 알았다. 져 주는 것이 결코 지는 것이 아님도 알았다.

 이런 삶의 지혜를 깨닫게 된 것은 양보하지 않으려다 많은 것을 잃기도 하고, 손해 보지 않으려고 머리를 쓰다가 손해 본 경험이 많았기 때문이다. 또한 이겨 보려고 억지를 쓰다가 패한 일도 많았기 때문이다.

 사도 바울은 "나는 날마다 죽노라"(고전 15:31)고 고백했다. 그는 날마다 죽었지만 죽는 것이 아니었다. 하용조 목사님이 살아 계실 때 하셨던 설교 중에 기억나는 내용이 있다. "그리스도인은 모든 일을 은혜롭게 해야 합니다. 그런데 은혜롭게 하려면 자신이 손해를 보아야 합니다." 그렇다. 은혜를 아는 사람만이 잘 죽을 수 있다.

미치겠다
미치겠다
정말 미치겠다
주님도 그렇게 말씀하시더니
바울도 똑같이 말한다
"너가 죽어라"

죽으려 하면
자아가 동의하지 않고
사랑하려 하면
자존심이 허락하지 않으니
이러지도 저러지도 못해
정말 미치겠다

"그냥 억울해하라"
"속아 넘어가 주라"
"지는 게 이기는 거다"
기껏 하신다는 말씀이
불난 데 부채질만 하시니
정말 미치겠다

마음속의 무덤

신앙생활을 오랫동안 하면서 교회 안에 예수님 말씀대로 죽으려는 사람이 별로 없다는 사실을 알게 되었다. "누구든지 제 목숨을 구원하고자 하면 잃을 것이요 누구든지 나를 위하여 제 목숨을 잃으면 구원하리라"(눅 9:24)는 말씀을 실천하려는 사람을 본 적이 없다. 오히려 주님의 말씀과 반대로 행동하는 사람은 수없이 보았다.

교회가 분란을 겪는 것은 대부분 죽지 않으려는 교인 때문이다. 자기 살자고 타인을 죽이려 하고 급기야 교회까지 무너지게 하려는 사람이 많다. 만약 주님의 말씀대로 순종하여 자신이 죽는다면 본인도 살고 타인도 살 뿐 아니라 교회도 살게 된다.

이것은 부부 관계에서도 적용되는 말씀이다. 부부가 서로 먼저 죽으면 싸울 일이 없을 것이다. 자신이 죽지 않고 배우자를 죽이려고 하니 싸움이 날 수밖에 없다. 사실 죽는 것은 죽는 것이 아니다. 내가 진짜 죽으면 주님이 대신 살리신다. 그러므로 자기 살자고 남을 죽게 하면 결국 자신도 죽고 남도 죽게 하지만, 자신이 죽으면 자신도 살고 남도 살릴 뿐 아니라 가정도 살리고 교회도 살린다는 사실을 기억하라. 죽는 것이 곧 살 길이다.

마음속엔 무덤이 많습니다
죽어야지
죽어야지
내가 죽어야지

나 때문에 죽고
교인 때문에 죽고
교회 때문에 죽고
주님 때문에 죽습니다

한 번 죽을 때마다
마음속에 무덤이 쌓여갑니다
사역의 년 수가 늘어 갈수록
무덤도 늘어납니다

언제부터인가 내 마음이
영국 교회 뒷마당이 되었습니다
무덤이 열릴 때를 기다리며
또 하루를 살아갑니다

내 몫의 십자가

예수님의 참 제자로 사는 사람들은 자신이 져야 할 십자가가 무엇인지 알 뿐만 아니라 그 십자가를 잘 지면서 산다. 평생 져야 할 십자가는 누구에게나 있다.

그중 첫 번째 십자가는 고난이다. 삶의 여정에서 직면하는 다양한 고난은 우리가 져야 할 십자가다. 고난을 십자가로 인식하지 못하면 그 무게가 두 배로 가중된다. 그리고 심령이 강퍅해지기 쉽다. 그러나 고난을 십자가로 인식하면 그 무게가 가벼워질 뿐 아니라 잘 감당할 수도 있다.

두 번째 십자가는 주님을 위한 사역이다. 주님을 위해서 일하다가 겪는 다양한 모양의 어려움은 곧 십자가다. 만약 그 어려움을 십자가로 인식하지 못하면 시험에 들기가 쉽다. 그러므로 자기를 부인하고 자기 십자가를 지고 따르는 것이 (마 16:24) 주님의 뜻임을 알고 십자가를 잘 감당해야만 한다. 그리고 기억할 것은 십자가는 나 혼자 지는 것이 아니라 주님이 함께 지신다는 사실이다.

자존심이 너무 상해서
몇 날 밤을 뜬 눈으로 지새웠지?
억울해서 너무 억울해서
분통이 여러 번 터졌지?
그것이 십자가란다

배신당한 것 때문에
절망하고 분노했지?
실망이 너무 커서
살아야 할 의욕을 잃어버렸지?
그것이 십자가란다

어떻게 그럴 수가?
소리치면서 원망의 화살을 쏘아댔지?
상처가 너무 커서
지금도 아파하고 있지?
그것이 십자가란다

그 십자가가 바로
내가 지었던 것이었고
네가 져야만 하는
네 몫의 십자가란다

그대는 알고는 있는가?

예수님이 당하신 십자가의 고통은 완전한 것이었다. 그 이유는 첫째, 육체적 고통을 당하셨기 때문이다. 채찍에 맞으실 때마다 살점이 떨어져 나갔으며, 머리에 씌운 가시 면류관은 얼굴을 피범벅이 되게 했고, 십자가에 못 박힘은 사람을 죽게 하는 고문 중 고통이 가장 큰 고문이었다.

둘째, 정서적 고통을 당하셨기 때문이다. 제자들의 배신은 물론 "너부터 구원해 보라, 네가 왕이냐"라고 하면서 뺨을 때리는 인간들의 온갖 조롱이 그분을 두 번 죽게 했다.

셋째, 영적 고통을 당하셨기 때문이다. "아버지여 어찌하여 나를 버리셨나이까?" 예수님은 인간의 죄를 짊어짐으로써 아버지로부터 버림을 받아야 했다. 어쩌면 이것이 가장 큰 고통이었을지 모른다.

십자가가 능력이 되는 이유는 그분이 당하신 고통이 온전했기 때문이고, 그 고통이 믿는 자들에게 육체적, 정서적, 영적 회복을 주기 때문이다. 사도 바울은 그 능력을 알았기 때문에 "십자가의 도가 멸망하는 자들에게는 미련한 것이요 구원을 받는 우리에게는 하나님의 능력"(고전 1:18)이라고 당당하게 선포했을 것이다.

얼마나 두려웠을까?
숨을 멈추게 할 시퍼런 칼, 핏기 어린 도살자의 눈
공포가 수십 번도 더 죽기도 전에 죽게 했으리라

얼마나 절망스러웠을까?
죽여 달라는 인간들의 배신, 저항할 힘 하나 없는 무력함
칼이 몸에 닿기도 전 이미 요단 강을 건넜으리라

얼마나 창피했을까?
두 발 묶인 채 누워 있는 초라함,
불쌍히 바라보는 둘러선 사람들의 눈길
죽음을 기다리는 내내 눈을 감고 있던 이유였으리라

머리에 오른손을 얹자 느껴지는 세포 하나 하나,
핏줄 한 줄 한 줄, 전신에 가득한 사통(死痛)
이보다 더 큰 고통이 어디 있으리오

무슨 죄가 있어 죽음으로 내몰렸는가?
무슨 허물이 있어 수모를 당하는가?
누구 때문에? 무엇 때문에?
그대는 알고 있는가?

나 때문이었습니다

예수님이 우리는 감히 흉내 낼 수도 없는 고통을 당하신 이유는 오직 한 가지, 사랑 때문이었다. 그분은 사랑 때문에 고통을 자처하셨다. 죄인을 구원하는 일이라면 무엇이든지 할 수 있는 준비가 되어 있는 분이었다.

사랑하면 아무리 힘들고 어려운 일도 참을 수 있다. 사랑하면 어떤 모독도 견딜 수 있다. 사랑하면 어떤 실수도 용납될 수 있다. 사랑하면 대신 죽을 수도 있다. 하나님은 예수님의 십자가 죽음을 통해 우리에 대한 사랑을 증명해 보이셨다 (롬 5:8).

신앙인이 가장 행복하게 사는 비결은 무조건적인 하나님의 사랑을 경험하는 것이다. 그리고 그 하나님을 사랑하는 것이다. 하나님과 사랑을 주고받으면서 사는 것보다 복된 일은 없는 것 같다.

그러므로 우리가 주님을 위해서 하는 모든 섬김과 봉사는 대가를 얻기 위해서가 아니라 주님을 사랑하기 때문에 하는 것이어야 한다. 그분이 피로 사신 교회를 섬기는 것은 곧 그분을 향한 사랑의 표현이라는 것을 알고 섬겨야 할 것이다. 하나님이 모든 일을 사랑으로 하시듯 우리도 그분을 위한 모든 일을 사랑으로 해야 한다.

억울했지만
항변하지 않으신 것은
다 나 때문이었습니다

불법재판을 받았지만
마냥 침묵하신 것은
다 내 죄 때문이었습니다

무고히 조롱을 받았지만
끝까지 참으신 것은
다 내 허물 때문이었습니다

이유 불문하고
무조건 고난을 감수하신 것은
다 나를 위해서였습니다

이 길이었구나

　이렇게 큰 은혜가 어디 있을까! 이렇게 큰 복이 어디 있을까! 하나님은 무엇을 하시든지 그 동기와 방법이 사랑이시다. 무슨 일이든지 사랑 때문에 행하시고 사랑으로 행하신다. 또한 하나님은 무엇을 하시든지 그 동기와 방법이 선하시다. 무엇을 하시든지 선한 의도와 목적으로 행하신다. 그래서 합력하여 선을 이루시기를 좋아하시고 심지어 악을 선으로 바꾸어 사용하기도 하신다. 그분에게 악한 의도란 조금도 없다. 미움으로 행하시는 일도 없다. 복수나 보복은 더더욱 없다.

　기독교로 개종한 무슬림들이 이구동성으로 간증하는 내용은 하나님의 사랑이다. 이슬람 세계에서는 경험할 수 없는 사랑이 기독교에 있다고 한다. 하나님께서 인간이 되신 것도 놀라운 사랑의 사건인데, 이 땅에 오신 목적도 섬김을 받기 위해서가 아니라 자신의 목숨을 대속물로 주려고 오셨다(막 10:45). 세상에 이런 하나님이 어디 계시며 이런 사랑이 어디 있단 말인가?

이 길이었구나
골고다를 향하던
그 길이

홀몸으로 걸어 오르기도 숨이 차건만
십자가를 지고 갔으니
얼마나 고통스러웠을까!

조롱하는 자들이 가득한 좁은 길을
채찍에 맞으며 올랐으니
얼마나 치욕스러웠을까!

그에겐 고통의 길이
내겐 치유의 길이 되었고
그에겐 치욕의 길이
내겐 영광의 길이 되었구나

동감

요셉이 감당하기 쉽지 않은 고난을 이겨낼 수 있었던 것은 꿈을 통해서 주셨던 하나님의 약속을 끝까지 신뢰했기 때문이다. 그리고 그가 원수였던 형들을 용서할 수 있었던 것은 자신이 겪었던 고난이 하나님의 놀라운 계획 속에 있었음을 깨달았기 때문이다. 그가 연속되는 고난 속에서도 넘어지지 않을 수 있었던 것은 하나님에 대한 믿음이 굳건했기 때문이다.

삶의 여정에서 죽을 것 같은 일을 만난다고 해도 하나님과 그분의 약속을 신뢰한다면 결코 시험에 들거나 넘어지지 않을 수 있다. 그러므로 위기 속에서 믿고 의지할 분은 오직 하나님 한 분뿐임을 기억해야 한다. 인간을 의지하는 것은 무너지는 담벼락을 기대는 것과 같은 것이다.

요셉은 고난이 클수록 하나님을 더욱 믿고 의지했다. 그의 믿음은 고난의 강도만큼 강했다. 고난을 이기는 힘은 오직 믿음뿐이다. 믿음이 없이는 하나님을 기쁘시게 할 수 없다. 하나님은 당신을 간절히 찾는 사람들에게 상 주시는 분임을 믿어야 한다(히 11:6). 신앙인들은 믿음으로 하나님과 소통하는 자들이다.

애굽으로 팔려 갔을 때
너무 억울해서
잠 못 이룬 밤들이 얼마나 많았을까?

원수들이 생각날 때마다
용솟음치는 분노를 참아내느라
그 속을 얼마나 태웠을까?

고난이 연속될 때마다
원망하고 싶은 욕구를 승화시키느라
얼마나 몸부림을 쳤을까?

아버지의 뜻을 깨닫기까지
그 긴 세월 동안
얼마나 마음고생이 컸을까?

참아야 한다면 참아 보자
기다려야 한다면 기다려 보자
그날이 올 때까지

밧줄

　삶의 여정에서 만나는 고난은 필수불가결한 것이다. 구더기 없는 장이 없듯이 고난 없는 삶은 없다. 그러므로 고난을 당하면 그냥 받아들이는 편이 훨씬 낫다. 고난을 피하려 한다면 고난을 통해서 얻는 것이 아무것도 없을 것이다. 고난도 당하고 얻는 것도 없다면 인생이 얼마나 힘들겠는가? 고난은 아무리 힘들어도 잘 감당하면 얻는 것이 많다. 그래서 신앙도 삶도 성숙해지는 것이다.

　그러므로 고난당할 때는 가장 먼저 낙심하지 말아야 한다(히 12:3). 낙심하면 지는 것이다. 회피하는 것은 아무 유익이 없다. 다음으로, 고난을 하나님께 의탁하라. 예수님이 "내 뜻대로 하지 마옵시고 아버지의 원대로 하옵소서"라고 하신 것은 자신의 죽음을 하나님께 의탁하신 것이다. 마지막으로, 믿음을 가지고 인내하면서 기다려야 한다(히 12:11). 모든 승리는 오랜 기다림과 인내의 결과로 얻어지는 것이다. 믿음으로 버텨 보라. 하나님의 약속의 말씀을 붙잡고 그분을 신뢰하면서 기다려 보라. 그날이 반드시 올 것이다.

아무리 힘들고 어려울지라도
놓지는 마라
잡고만 있어도 좋으니
놓지는 마라

잡고 오를 힘이 없어도 좋으니
놓지는 말라
스스로 오르지 못해도 좋으니
놓지는 마라

오르지 못하면
그분이 끌어 올려 주실 테니
힘이 없으면 없는 대로 잡고
절대로 놓지는 마라

상처

　상처받지 않고 인생을 살 수는 없다. 인간 사회에서는 반드시 상처가 있기 마련이다. 상처를 주기도 하고 받기도 하면서 사는 것이 인간의 삶이다. 그 누구도 상처로부터 자유하면서 살 수 없다. 그렇다고 상처받기 싫어서 관계에 담을 쌓고 스스로를 자기만의 세상에 가두어 놓는 것은 어리석은 행위다. 상처를 주고받을지언정 관계 속에서 사는 것이 훨씬 지혜로운 것이다.

　상처를 잘 받는 사람과 주는 사람의 공통점은 자존감이 낮다는 것이다. 열등감이 많은 사람일수록 상처를 쉽게 받기도 하고 주기도 한다. 그러므로 상처로부터 자유로우려면 먼저 자존감을 회복해야 한다. 자존감이 올바로 세워지면 상처를 받는 일이나 주는 일이 드물어진다.

　자존감을 회복하려면 자신을 사랑해야 한다. 자신을 남과 비교하여 저평가하지 말고 있는 그대로의 자신을 인정하고 받아들이라는 것이다. 나는 나이다. 자신을 사랑해야 타인을 사랑할 수 있고, 자신을 존중해야 타인을 존중할 수 있다. 그래서 예수님은 "네 이웃을 네 자신같이 사랑하라"고 말씀하셨다(마 22:39).

상처받지 않고 살고 싶었습니다
마음고생하는 것이 너무 힘들어서 말입니다
그런데 상처가 있습니다
아픔이 있습니다

나 때문에
너 때문에
우리 때문에
상처가 생깁니다

상처 주지 않고 살고 싶었습니다
그 아픔을 알기 때문입니다
그런데 상처가 되었다고 합니다
그 말에 또 상처를 받습니다

사람과 사람
사랑과 사랑 사이엔
상처도 함께 있습니다
그래서 고통이 더 큽니다

6장

믿음이 있는 삶

믿음 비옷 (信仰雨備)

　신앙인의 삶은 믿음의 여정이다. 이스라엘 백성이 애굽을 떠나 약속의 땅 가나안에 이르는 여정과 같다. 이 여정은 하나님에 대한 신뢰와 그분의 인도하심 없이는 통과가 불가능하다.

　하나님께서 처음 그들을 홍해라는 불가능 앞에 서게 하신 것은 믿음의 훈련이 필요했기 때문이다. 하지만 이스라엘 백성들은 하나님과 그분의 인도하심을 신뢰하지 않았고, 그 결과 여정이 험난할 수밖에 없었다. 하나님께서 믿음 훈련 차원에서 설치해 놓으신 장애물이 그들을 힘들게 한 것이 아니라, 그들의 믿음 부족이 여정을 더욱 힘들게 한 것이다. 광야는 믿음 없이는 통과가 불가능한 여정이다.

　우리의 인생 여정도 마찬가지다. 하나님과 그분의 인도하심에 대한 신뢰 없이는 결코 통과하기가 쉽지 않다. 주님과 함께 배에 타고 있던 제자들을 보라. 주님이 함께하고 계심에도 불구하고 풍랑 때문에 죽게 될 것을 두려워하지 않았던가?(눅 8:24-25) 믿음 없는 자들은 제자들처럼 살게 된다는 사실을 기억하라.

모처럼 산행을 나섰다
떠날 때와는 달리 목적지로 가는 도중에 비가 오락가락했다
우산이 준비되지 않았기에 마음이 어수선하다
산을 오를 것인가 말 것인가?
오가는 길에 비를 맞으면 어쩌나?
옷이 젖으면 어떻게 말릴 것인가?
온갖 염려들이 머릿속을 맴돈다

입구에 이르자 안내소에서 우비를 판매한다
비를 걱정한 것은 어리석은 짓이었다
그 옷을 사 입는 순간 모든 근심이 사라졌다
빗방울이 겁나지 않았다
비 오는 것이 염려되지 않았다
비가 몰고 올 상황에 대해서도 자신감이 생겼다
산행 내내 비 맞음을 즐길 수 있었다
값싼 얇은 비닐 옷 한 벌이 큰 자유를 주었다

인생 여정에도 고난의 비가 자주 내린다
고통의 우박이 내려 머리를 아프게 할 때도 있고
환란을 담은 비바람이 몰아쳐 정신을 빼앗을 때도 있다
그러나 믿음 비옷을 입었다면
두려워할 것도 없고 염려할 필요도 없다
그 옷이 나를 지켜 주기 때문이다
불어 닥칠 모든 상황 속에서도 자유롭게 살 수 있다

그래도 사랑합니다

　오랫동안 교회 생활을 해 오면서 하나님과 교회에 대한 실망 때문에 실족하는 교인들을 많이 보았다. 자신이 당한 고난을 토로하고 문제 해결을 위하여 열심히 기도했는데 응답이 없거나 원치 않는 결과를 얻게 되었을 때 하나님께 실망을 하고 실족하게 된다. 그리고 교회가 자신의 충성과 헌신에 대하여 합당한 보상을 해 주지 않을 때 실망하는 경우가 많다.

　물론 교회생활을 열심히 하지 않은 사람들은 이런 시험에 들 일이 없다. 열심히 했던 사람들이 이런 종류의 실망에 빠지는 것이다. 한편으로는 사람이기 때문에 그럴 수 있다고 동정이 되기도 한다. 그러나 이러한 태도는 영적으로 성숙하지 못한 처신이다. 우리가 가야 하는 십자가의 길과는 거리가 멀다.

　믿음의 선배들은 살아생전에 자기가 한 일에 대한 보상을 받지 못했다. 사도 바울에게도 주지 않으신 보상을 기대하는 것은 무의미하다. 이 땅에서의 영광을 기대하면서 교회 봉사를 하는 것은 어리석은 행위다. 교회에서 자신의 공로를 인정해 주지 않는다고 해서 스스로 시험에 들지 말라. 시험에 들 기운이 조금이라도 보이거든 "비록 무화과나무가 무성하지 못하며 포도나무에 열매가 없으며 감람나무에 소출이 없으며 밭에 먹을 것이 없으며 우리에 양이 없으며 외양간에 소가 없을지라도 나는 여호와로 말미암아 즐거워하며 나의 구원의 하나님으로 말미암아 기뻐하리로다"라는 하박국의 고백(합 3:17-18)을 기억해 보라.

포기의 대가로 영광이 주어지지 않았어도
헌신의 결과로 명예가 주어지지 않았어도
주님을 사랑합니다

충성의 대가로 보상이 주어지지 않았어도
순종의 대가로 복을 주지 않으셨어도
주님을 사랑합니다

기도의 응답이 뜻한 바대로 이루어지지 않았어도
원하지도 기대하지도 않은 고난의 길로 인도하셨어도
그래도 주님을 사랑합니다

자문(自問)

　신앙인들 중에는 인과응보식 세계관을 가지고 신앙생활을 하는 사람들이 많다. 이것이 성경적인 생각이 아닌 줄 알면서도 은연중에 이런 기대를 가지고 믿음 생활을 한다. 예를 들면 헌금을 많이 하거나 새벽 기도를 열심히 하면, 혹은 교회 봉사를 열심히 하거나 이웃을 사랑으로 섬기면 하나님께서 반드시 복을 주실 것이라는 기대를 갖는다.

　그러나 기독교의 신앙은 차원이 다르다. 교회 봉사는 하나님께 뭔가를 얻으려는 이기적인 목적을 가지고 하는 것이 아니다. 교회 봉사의 동기는 사랑에 있다. 하나님을 사랑하기 때문에 교회에서 봉사하는 것이다. 다시 말해서 교회 봉사는 하나님에 대한 사랑 표현이다. 이 순수한 동기에 이기적인 요소는 하나도 없다. 하나님이 나를 사랑하셔서 인간이 되시고 십자가에서 죽으시고 부활하신 것처럼, 나도 하나님을 사랑하기 때문에 봉사에 참여하는 것이다. 다니엘의 세 친구들을 보라. 하나님께서 자신들을 활활 타는 불구덩이와 왕의 손에서 구원해 주지 않으실지라도 왕의 신들이나 왕이 세운 금 신상에 절하지 않을 것이라고 단호하게 선포하였다 (단 3:16-18). 그들은 조건 없이 하나님을 사랑하고 섬겼다.

말씀대로 순종했으나
복을 받지 못했어도
여전히 말씀대로 살겠는가?

계산하지 않고 헌신했으나
영광 대신 치욕이 주어졌어도
여전히 그분을 사랑하겠는가?

사심 없이 충성했으나
보상 대신 오해와 절망이 온다 해도
여전히 그분의 일을 하겠는가?

믿음으로 부르짖었으나
응답하지 않으셨어도
여전히 그분을 의지하겠는가?

붙잡고 살아온 약속
실현되지 못했을지라도
여전히 그분을 신뢰하겠는가?

진심으로 사랑했던 교회
상처로 고통을 준다 해도
여전히 사랑하겠는가?

강하고 담대하라

믿음이 부족할 때 나타나는 가장 두드러진 현상은 상황에 얽매이게 된다는 것이다. 믿음 없이 고난이나 문제를 바라보면 절망과 두려움과 불안이 엄습하여 생각과 마음을 지배한다. 그러면 이미 게임은 끝난 것이다. 상황에 질질 끌려다니게 되는 것이다.

이러한 예는 출애굽하는 이스라엘 백성들에게서 찾아볼 수 있다. 홍해 앞에서 그들이 보여 주었던 추태를 기억하는가? 그들은 하나님의 백성이라고 하기에는 도저히 믿어지지 않는 행동을 취했다. 이후에도 그들은 목마름과 배고픔의 문제 등에 직면할 때마다 항상 상황에 얽매이고 말았다. 출애굽 40년 동안 믿음으로 상황을 이겨 본 적이 한 번도 없었다.

믿음의 여정에서 우리에게 필요한 것은 강하고 담대한 마음이다. 그리고 그 담대함은 배짱에서 나오는 것이 아니라 전능하신 하나님과 그분의 능력을 전적으로 신뢰하는 믿음에서 나오는 것이어야 한다. 오늘도 하나님께서 여호수아에게 권면해 주셨던 그 말씀을 선포하고 집을 나서 보라. "강하고 담대하라 … 네가 어디로 가든지 네 하나님 여호와가 너와 함께하느니라"(수 1:9).

더 이상 홍해만 바라보고 서 있지 말라
절망만 깊어질 뿐이니
세상 없어도 그 바다를 건너가야만
어둠의 세상을 벗어날 수 있으니
강하고 담대하라

더 이상 넘실거리는 요단 강만 바라보고 있지 말라
의심만 커질 뿐이니
아무리 힘들어도 그 강을 건너가야만
젖과 꿀을 맛볼 수 있으니
강하고 담대하라

더 이상 여리고 성만 쳐다보고 있지 말라
한숨만 나올 뿐이니
불신앙의 성을 무너뜨리지 않는 한
얻을 것은 아무것도 없으니
강하고 담대하라

더 이상 골리앗만 쳐다보고 있지 말라
주눅만 들 뿐이니
불가능해 보여도 그 산을 넘어가야만
승리의 기쁨을 얻을 수 있으니
강하고 담대하라

응원 한마디

    실망과 낙심은 생활 속의 암적 존재다. 비타민이 에너지를 공급해 주는 긍정요소라고 한다면, 실망과 낙심은 에너지를 고갈시키는 부정 요소다. 그중에서도 자신에게 실망하고 낙심하는 것은 생명을 파괴하는 힘이 강하다. 그러므로 자신의 부족함과 실수 때문에 낙심되더라도, 잠시만 그럴 뿐 도리어 하나님을 더욱 의지하는 기회로 삼아야 한다.

    사도 바울은 좋은 예를 보여 주었다. 그는 자신의 약한 것을 크게 기뻐하며 자랑할 것이라고 고백했다. 그 이유는 자신이 약할 때 그리스도의 능력이 임하기 때문이었다(고후 12:9-10). 바울은 자신이 강한 이유는 약하기 때문이라고 했다. 그렇다. 자신의 실수를 오히려 온전케 되는 기회로 삼아 보라. 자신의 연약함을 오히려 자신을 강하게 만드는 기회로 삼아 보라.

    그리고 선을 행하다가 어떤 이유로든 낙심하는 것을 경계해야 한다(살후 3:12). 왜냐하면 사탄은 마음에 열등감과 자격지심을 유발시켜서 하나님의 일을 못하도록 방해를 하기 때문이다. 그러므로 주를 위해 일하다가 낙심하지 말아야 한다. 하나님은 우리와 함께 작업하는 것을 즐거워하신다. 왜냐하면 그분은 사랑이 많은 좋으신 아버지이기 때문이다.

실수를 거듭할 때마다
부족함이 너무 커 보여
이젠 내려놓아야지
생각할 때가 많았습니다

허물이 드러날 때마다
부끄러운 모습에
자격 없다고
생각할 때도 많았습니다

"너의 실수를 안다
너의 허물도 안다
그래도 난 널 좋아한단다
넌 내게 소중한 존재거든"

자신에게 실망하고 있을 때
주님이 주신 한마디 응원 덕분에
다시 자리를 털고 일어나
할 일을 하러 나아갑니다

세상은 변하리라

한때 한국 교회가 천만 크리스천을 자랑하던 때가 있었다. 그러나 언제부터인가 그 자랑이 사라져 버렸다. 그 첫 번째 이유는 교세가 점점 줄어들고 있기 때문이고, 두 번째 이유는 천만 크리스천이 세상을 변화시키지 못했기 때문이다.

4명 중 1명이 크리스천이었다. 정치, 경제, 교육, 문화 등 사회 구석구석에 크리스천들이 포진하고 있었다. 그런데 한국 사회는 변화되지 못했다. 그 이유는 크리스천들이 예수님의 말씀대로 사회에서 빛과 소금이 되지 못했기 때문이다(마 5:13-16). 신앙인이 천만 명이었지만 사회가 변하여 성숙해 가도록 아무런 영향을 끼치지 못했다. 또한 온갖 부정부패 사건에 크리스천들이 연루되어, 교회는 물론 기독교가 사회적 지탄을 받았고 따라서 하나님의 영광은 가려질 수밖에 없었다.

만약 크리스천들이 자신이 있는 곳에서 하나님의 말씀을 삶으로 살아냈다면 우리 사회가 이렇게 병들지는 않았을 것이다. 그러나 지금도 늦지는 않았다. 세상은 교회와 신앙인들 외에는 변화시킬 자가 없다는 사실을 기억하라. 크리스천들만이 세상의 소망이요 대안이라는 사실을 기억하라. 지금은 한 사람의 빛과 소금이 필요한 때다.

믿는 사람들이
어떤 환경 속에서도 행복하게 산다면
빛이 되려고 노력하지 않아도
세상은 밝아지리라

믿는 사람들이
어떤 상황 속에서도 배운 말씀대로 산다면
소금이 되려고 애를 쓰지 않아도
세상은 살맛 나게 되리라

믿는 사람들만이라도
어떤 일이든 정직하게 행한다면
전도하려고 수고하지 않아도
구원의 문이 열리리라

믿는 사람들만이라도
싸우지 않고 사랑하면서 산다면
평화를 외치지 않아도
세상은 변하리라

따라하기

하나님이 우리를 구원해 주신 목적에는 여러 가지가 있지만, 그중에서 제일가는 목적은 죄로 인하여 잃어버린 하나님의 형상을 회복시켜 주는 것이다. 다시 말해서 예수님을 닮게 하기 위하여 우리를 구원하신 것이다.

사도 바울은 하나님께서 자기 아들의 형상을 닮게 하시려고 우리를 미리 정하셨다고 명확하게 기록하고 있다(롬 8:29). 그러므로 모든 신앙인들은 예수님을 닮는 것이 신앙생활의 목표가 되어야 한다. 모든 영성의 궁극적인 목표도 예수님을 닮는 것이고, 제자 양육의 최고 목표도 예수님을 닮는 것이어야 한다. 왜냐하면 이것이 우리가 구원받은 목적이기 때문이다.

예수님을 닮는 방법은 쉽기도 하고 어렵기도 하다. 하나님께서 나에게 하셨던 일과 나를 대하신 태도를 따라해 보는 것이다. 하나님이 나를 사랑하신 것처럼 나도 타인을 그렇게 사랑해 보는 것이다. 그분이 내게 은혜를 주신 것처럼 나도 타인에게 은혜를 베풀어 주는 것이다. 하나님께서 나에게

복을 주셨듯이 나도 타인에게 축복의 통로가 되어 보는 것이다. 성경말씀과 상관없이 자기 마음대로 살면 결코 예수님을 닮을 수가 없다. 예수님을 따라 행하다 보면 인격, 성품, 관계, 신앙과 생활의 모든 면에서 예수님의 모습이 드러날 것이다.

하나님이 나를 사랑하시듯
나도 사람을 사랑합니다

하나님이 나를 존중해 주시듯
나도 사람을 존중합니다

하나님이 나를 긍휼이 여기시듯
나도 사람을 긍휼이 여깁니다

하나님이 나를 용서하시듯
나도 사람을 용서합니다

하나님이 은혜를 베풀어 주시듯
나도 은혜를 베풀며 삽니다

하나님이 복을 주시듯
나도 이웃을 축복합니다

의아해하지 말라

　보통 시험이나 고난을 당하면 그 원인을 기도나 믿음이 부족해서 그렇다고, 혹은 불순종했기 때문이라고 생각한다. 물론 그런 경우가 있기도 하다. 그러나 이와는 반대로 기도를 많이 하고 말씀대로 순종해도 시험이 올 수 있고, 믿음으로 살아도 고난이 닥칠 때가 있다. 유다의 아사 왕이 좋은 예다. 그는 하나님의 눈에 선하고 올바르게 살았지만 에티오피아의 100만 군대와 300만 전차 부대의 침략을 받는 큰 시험을 당했다(대하 14:2, 9-10).

　그렇다면 신앙인들은 믿음 생활을 잘하고 있는데도 불구하고 당하는 고난을 어떻게 이해해야 할 것인가? 먼저 알아야 할 것은 이것이 하나님의 독특한 사랑 표현 방법이라는 것이다. 하나님은 사랑하는 자녀들의 잠든 영혼을 일깨워서 당신과 눈을 마주치면서 살게 하신다. 둘째, 믿음 안에서 잘 살고 있는데도 당하는 고난 속에는 하나님의 거룩한 의도가 담겨 있다. 다시 말하면 그분의 선하신 뜻이 담겨 있다는 것이다. 이것은 하나님은 우리의 생각을 뛰어 넘는 방법으로 행하시는 분임을 의미한다. 하나님은 우리의 믿음을 더욱 견고케 하기 위하여 다양한 방법을 사용하신다. 그러므로 기도를 많이 하고 말씀대로 순종했다고 해서 만사가 형통한 것은 아니다. 그러나 한 가지 기억할 것은 내가 당하는 모든 고난 속에는 인생을 섭리하시는 하나님의 신비가 담겨 있다는 사실이다.

말씀대로 살아도 시험이 오고
믿음으로 살아도 고난이 오며
순종하면서 살아도 위기가 오나니
의아해하지 말라

그래도 다행인 것은
그 시험과 고난과 위기에는
창조주의 깊은 뜻이 담겨 있으니
그 의도를 발견하는 시간을 많이 가져 보라

믿음의 가치는
어려움을 당했을 때 증명되는 법
위기를 만날 때마다
믿음을 키우고 강하게 다져 보라

인생 여정에는
고난만 있지 않고 승리도 있으니
고통의 연속이 되게 하지 말고
승리의 연속이 되게 하라

무릎이!

신앙생활이 다이나믹하려면 믿음의 능력을 체험해야 한다. 믿음의 위력을 많이 경험할수록 믿음은 더욱 견고해진다. 신앙인들에게 있어서 믿음은 절대적이다. 신앙인들은 믿음으로 사는 자들이기 때문이다. 그러므로 믿음이 없으면 아무것도 아니다. 하나님을 믿는다는 것은 다음과 같은 세 가지의 내용을 포함하는 것이다.

첫째, 하나님의 존재에 대한 믿음이다. 창조주이신 하나님은 오늘도 살아 계셔서 우리와 함께하시는 분이다. 이 믿음이 없으면 위기를 만날 때마다 두려움과 불안에 사로잡힐 수밖에 없다.

둘째, 하나님의 계획에 대한 믿음이다. 하나님은 놀라운 계획을 가지고 나의 인생을 인도하신다. 내 인생은 하나님의 선하신 계획 안에서 이루어지고 있다. 그러므로 고난을 당할 때마다 그분의 인도하심이 어떻게 진행되는지 믿음으로 바로 보는 것이 필요하다.

셋째, 하나님의 능력에 대한 믿음이다. 하나님은 능치 못함이 없으신 분이다. 위기의 상황에서 이 믿음이 흔들리면 넘어지기가 쉽다. 사도 바울은 "내게 능력 주시는 자 안에서 내가 모든 것을 할 수 있느니라"고 고백하였다(빌 4:13). 달리 말하면 하나님이 능력을 주시지 않으면 나는 아무것도 할 수 없다는 것이다. 믿음은 신앙인을 신앙인답게 만들어 준다.

    홍해를 가르고 건너가더니
    골리앗도 쓰러뜨렸구나
    잘하였도다, 정말 잘 싸웠도다

    콧대 높던 불가능
    자존심 꽤나 상했고
    협박하던 불신앙
    체면 많이 구겨졌으리라

    무슨 힘으로 불안의 화살 부러뜨렸는가?
    누구의 응원으로 죽음의 두려움 이겨 낼 수 있었는가?

    험하디 험한 광야 잘도 통과했으니
    훌륭하도다, 참으로 훌륭하도다
    이제 남은 것은 잘 사는 것뿐

    누리며 살자꾸나, 나누며 살자꾸나
    은혜의 자리에 머물며 잘 살아 보자꾸나

그분은

사도 바울은 사나 죽으나 자신의 모든 것이 주의 것이라고 고백했고(롬 14:8), 먹든지 마시든지 무엇을 하든지 하나님의 영광을 위해서 해야 한다고 권면하였다(고전 10:31). 그는 천국을 소망했기 때문에 빨리 아버지께로 돌아가기를 소원했다(빌 1:23). 그러나 이 땅에서 해야 할 하나님의 일이 남아 있었기 때문에 그 일에 죽도록 충성한다고 간증하였다. 바울의 고백처럼 살아도 주를 위해서 살고 죽어도 주를 위해서 죽어야 하는 것이 크리스천의 운명이다.

고인이 되신 하용조 목사님은 바울과 같은 분이셨다. 그분은 평생 바울과 같은 생각을 품고 사역을 했다. 걸어 다니는 병원이라고 불렸던 존 칼빈처럼 병마와 싸우면서 목회를 해야 했다. 젊어서는 폐병 때문에 고생을 했고 늙어서는 당뇨와 간, 신장 때문에 고생을 했다.

개인적으로는 빨리 천국에 가기를 소망했다. 그러나 그는 성령께서 주신 'Acts 29' 비전과 일본을 위한 '러브 소나타' 때문에 이 땅에서 더 오래 살 수 있기를 간구하였다. 이처럼 하나님의 비전에 이끌림을 받는 삶이 가장 멋있는 인생이다.

그분은 죽기를 소망했습니다
육신의 고통 때문에도
사는 것이 힘들어서도
목회가 힘들어서도 아니었습니다
바울이 그랬던 것처럼
그 나라를 너무나 사모했기 때문이었습니다

그분은 더 오래 살기를 소망했습니다
세상이 좋아서도
큰 교회라는 영광 때문도
명예 때문도 아니었습니다
바울이 그랬던 것처럼
주님을 위해서 더 일하고 싶어서였습니다

그분은 사도행전 29장 쓰기를 소망했습니다
세력을 확장하기 위해서도
교세를 넓히기 위해서도
자신의 꿈을 이루기 위해서도 아니었습니다
바울이 그랬던 것처럼
주님의 소원을 이루어 드리고 싶어서였습니다

7장

묵상이 있는 삶

차이

살다 보면 하나님을 치사한 분으로 이해하는 신앙인을 종종 만난다.

"주일 예배에 빠져서 벌 받은 것 같아요. 헌금을 안 해서 손해를 보게 하신 것 같아요. 교회 봉사를 안 해서 사업이 잘 안 되는 것 같아요. 기도 생활을 안 해서 내 삶이 뒤죽박죽 된 것 같아요. 하나님이 저주하셔서 이렇게 고난당하는 것 같아요."

만나는 사람들마다 하나님을 치사하게 만드는 내용을 늘어놓는다. 하지만 이런 생각은 기복신앙을 가진 사람들의 세계관에서 나오는 것들이다. 하나님은 절대로 그런 분이 아니다. 사람이 그렇다고 해서 하나님도 그럴 거라는 생각은 하나님에 대한 무지에서 나오는 것이다.

하나님은 사람과 비교될 수 없는 분이다. 그분은 치사한 구석이 하나도 없으시다. 하나님은 사람처럼 변덕스럽지 않으시고 마음을 쉽게 바꾸시는 분이 아니다. 그분은 하신 말씀을 반드시 실행하시는 분이며, 주신 약속은 반드시 지키시는 분이다. "하나님은 사람이 아니시니 거짓말을 하지 않으시고 인생이 아니시니 후회가 없으시도다 어찌 그 말씀하신 바를 행하지 않으시며 하신 말씀을 실행하지 않으시랴"(민 23:19). 그래서 그분은 좋으신 하나님이다.

사람은 얼마나 조건적인가?
은혜를 베풀 때도, 사랑을 할 때도, 도움을 줄 때도
따져 보고, 물어보고, 계산해 보고
주저주저하면서 얼마나 교만한 태도를 취하는가?

그분은 얼마나 무조건적인가?
은혜를 베푸시는 것도, 사랑하시는 것도, 도와주시는 것도
따지지도 않고, 묻지도 않고, 계산하지도 않고
한 치의 주저함 없이 얼마나 온유한 태도를 취하시는가?

내 탓이로다

리더가 가져야 할 소양 중에 가장 필요한 것은 책임 의식이다. 함께 일하는 직원들의 모든 실수나 실패에 대하여 리더로서 책임을 질 수 있어야 한다. 자신이 져야 할 책임을 회피하거나 남에게 전가하는 사람은 리더로서 자격이 없다. 공은 자신에게 돌리고 과는 부하 직원에게 돌리는 사람도 리더로서 자격이 없다.

반대로 자격지심이나 열등감 때문에 모든 것을 자신의 책임으로 돌리는 것도 건강한 태도는 아니다. 남을 탓하기보다는 자신의 탓으로 돌리는 것이 오히려 마음이 편한 사람이 있다. 책임감 때문에 그렇게 행동하는 것이라면 훌륭하지만 정서적으로 미약하기 때문에 취하는 행동이라면 생각해 볼 필요가 있다.

예수님은 책임감 있는 리더의 모습을 보여 주셨다. 겟세마네 동산에서 체포되실 때 로마 군인들에게 이렇게 요구하셨다. "나를 찾거든 이 사람들이 가는 것은 용납하라"(요 18:8). 너희가 온 목적이 나를 체포하는 것이니 내 제자들은 그냥 보내 주라는 요구였다. 자신은 잡히더라도 제자들은 안전하게 보호하고자 하는 리더십을 발휘하신 것이다. 지금은 책임감 있는 리더의 모습이 필요한 시대다.

누굴 탓하리요, 누굴 원망하리요
사람을? 하나님을?

사람을 탓하자니 치사해지는 것 같고
하나님을 원망하자니 마음이 무거워진다

내 탓이로다, 내 탓이로다
모든 것이 내 탓이로다

또 한 살 먹었다

나이를 먹을수록 고집스러워지고, 노여움을 잘 내며, 행동이 천박해지기가 쉽다. 만약 그렇게 처신한다면 젊은 세대가 싫어하거나 아예 기피하는 인물이 될 수도 있다. 그래서 늙어갈수록 품위가 있어야 한다.

품위 유지를 위해서는 첫째, 몸에서 냄새가 나면 안 될 것이다. 불쾌한 사람 냄새보다 향긋한 사람 냄새가 나도록 신경을 써야 한다.

둘째, 어느 곳에서나 매너 있게 행동해야 한다. 젊었을 적에는 예절 없는 노인들의 행동이 불편하게 보일 때가 많았다. 이제는 젊은이들의 눈에 내가 그렇게 보이지 않도록 예의를 지켜야 한다. 그리고 주책없이 아무 데나 끼어들어 뺨을 맞는 어리석은 행동을 하지 말아야 한다.

셋째, 젊은 사람들도 부러워할 정도로 멋있게 살아 보자. 그렇게 살기 위해서는 창의적일 필요가 있다. 쉬지 않고 연구해서 노인스럽지 않게 살아 보자.

그러나 늙었다고 해서 너무 위축될 필요는 없다. 그간 살아온 인생 경험을 토대로 더 지혜롭게 살아 보자. 나의 백발이 늙은 자의 아름다움이 되게 하자. "젊은 자의 영화는 그의 힘이요 늙은 자의 아름다움은 백발이니라"(잠 20:29).

또 한 살을 먹었다
아니 일 년 더 늙어졌다
불행 중 다행이라면 출생신고를 일 년 늦게 하신
큰 아버지의 실수 덕에 법적으로는 한 살 덜 먹었다는 것이다
누군가는 이것을 보고 도긴개긴이라 비아냥거릴지 모르지만
쉰 넘은 이후 일 년은 무게가 큰 숫자다
마음은 항상 청춘이라던 어르신들의 말이
이젠 나를 두고 하는 말이 되었다
늙음으로 구별되는 일,
시니어 그룹으로 분류되는 일,
늙었다고 배려 받는 일 등
내 의사와 상관없이 찾아온 현실이 마음을 서글프게 한다
인생의 가장 행복한 시기가 60대였었다는
어느 90대 어르신의 고백이 나를 기쁘게 한다
조만간 인생의 황금기가 찾아올 것이라는 기대감이
나이 듦의 서러움을 마음 한구석으로 밀어낸다

자기 인생을 살아라

　평생 남과 비교하여 자신을 부족한 사람으로 인식하고 사는 것은 어리석은 행위다. 환경이나 조건이 사람을 불행하게 만들지 않는다. 남보다 못하다는 잘못된 자기 인식이 자신을 불행하게 만드는 것이다.

　그런데 놀라운 것은 환경이나 조건 때문에 불행하게 사는 사람보다 자신 때문에 불행하게 사는 사람이 더 많다는 사실이다. 세상에는 지위고하가 있고 어느 집단이든지 우열이 있으며 부자와 가난한 자, 강자와 약자가 있다. 이와 같은 두 부류가 함께 어울려 사는 것이 하나님이 역사를 운행하시는 방법이기도 하다. 그러므로 그리스도인들은 자신이 어느 쪽에 있든지 간에 자족하면서 살아야 한다. 열등감 때문에 자신의 삶을 불행하게 하는 것은 하나님이 원하시는 뜻이 아니다.

　교육학을 공부할 때 교수님의 강의에서 배운 한 가지 지혜가 있다. 두 사람이 각각 똑같은 질의 사과를 한 상자씩 먹는데 한 사람은 나쁜 사과를 먼저 먹기 시작했다. 그 이유는 사과가 썩기 전에 다 먹기 위해서였다. 그 결과 이 사람은 매번 나쁜 사과만 먹었다. 또 한 사람은 좋은 사과를 먼저 먹었다. 그 이유는 매번 맛있는 사과를 먹기 위해서였다. 그 결과 이 사람은 매번 좋은 사과만 먹었다. 이 둘은 같은 사과를 다르게 먹었던 것이다.

한 가지 분명하게 기억할 것은 하나님이 당신을 불행하게 살도록 오늘의 여건 속에 있게 하지 않으셨다는 사실이다. 사도 바울의 "마땅히 생각할 그 이상의 생각을 품지 말고 오직 하나님께서 각 사람에게 나누어 주신 믿음의 분량대로 지혜롭게 생각하라"(롬 12:3)는 제안을 참고해 보기 바란다.

가진 자는 더 가진 자를 부러워하고
높은 자는 더 높은 자를 부러워하며
배운 자는 더 배운 자를 부러워한다

우열(優劣)은 풀어야만 할 인생 숙제
자기 것에 만족하지 못하면
평생 남 부러워하다 인생 끝나는 법
살아라,
자기 인생을 살아라

나이 듦

　인생 선배들로부터 배운 삶의 지혜가 하나 있다. 나는 그 지혜를 늙었을 때 지켜야 할 일종의 주의 사항으로 생각한다. 그것은 닫아야 할 것과 열어야 할 것을 잘 구분해야 한다는 것이다.

　먼저, 닫아야 할 것은 입이라고 했다. 사람이 나이가 들면 말이 많아지고 잔소리가 늘어나고 간섭이 많아진다고 한다. 이로 인해 가정과 교회에 많은 부작용이 생기는 것이 사실이다. 늙은이의 잔소리를 좋아할 사람은 아무도 없다. 간섭이 많거나 잔소리가 계속되면 가족이나 교회 식구들에게 외면당할 수 있다. 인생을 오래 산 자에게 지혜를 구한다면 기쁨으로 답을 줄 수 있겠지만, 그렇지 않다면 가급적 입을 다물고 있는 편이 낫다. 입을 닫음으로써 늙은 자로서의 품위를 지켜야 한다.

　다음, 열어야 할 것은 지갑이라고 한다. 어른이랍시고 어디서나 대접 받으려고 하거나 얻어먹으려고만 하지 말라는 것이다. 필요할 때 적절하게 지갑을 열어 베풀 줄 알아야 한다. 베풀어야 사람이 따르고 사랑도 따르는 법이다. 늙어서 존경받으려면 지갑을 적절하게 잘 열어 보자. 사도 바울은 교회 안에서 나이든 남자들은 자제하며 경건하며 신중하며 온전한 믿음과 사랑과 인내를 갖도록 하라고 권면하였다(딛 2:2).

나이 듦이 불편할 때가 있다
나잇값 못 한다는 소리 들을까 싶어
행동거지를 조심해야 하고
철없다 소리 듣지는 않을까 싶어
앉을 자리도 가리게 되니 말이다

나이 듦이 거추장스러울 때가 있다
주책 떨지 않으려 언행에 신경을 써야 하고
경솔하다 소리 듣지 않으려
품위를 유지해야 하니 말이다

나이 듦이 삶의 무게를 더할 때가 있다
과거를 돌아보니 아쉬운 것이 많고
앞을 내다보니 자신감이 딸리니 말이다

나이 듦이 가시방석에 앉은 것 같을 때가 있다
후배들이 가야 할 길을 막고 서 있는 것은 아닌지
이선으로 물러나야 하는 것은 아닌지
눈치 아닌 눈치를 보게 되니 말이다

바람

'만약 내가 죽으면 조문객들은 나의 삶과 죽음에 대하여 어떻게 의미를 부여할까? 설교자들은 어떤 본문을 가지고 내 죽음에 대하여 설교를 할까?' 나는 장례예배를 마치고 돌아오는 길에 종종 이런 질문을 자신에게 던지곤 한다.

죽음은 삶에 대하여 더 깊은 묵상을 하게 만드는 스승과 같다. 타인의 죽음을 보면서 인간의 원초적인 질문인 '어떻게 살아야 하며 또한 어떻게 죽어야 하는지'를 나 자신에게 묻게 되기 때문이다. 또한 삶의 가치와 죽음의 의미도 깊이 묵상하게 된다.

그래서 잘 살다가 잘 죽어야 한다는 생각을 할 때가 많다. 삶의 의미는 죽음으로 전이가 되는 것 같다. 고인의 삶이 많은 교훈을 담고 있었다면 그의 죽음 또한 훌륭한 교훈을 남기게 된다. 그래서 많은 산 자들이 그의 죽음을 아쉬워한다. 고인은 삶으로 산 자들에게 교훈을 남길 뿐 아니라 죽음으로도 교훈을 남긴다.

사도 바울이 그런 사람이었다. 그의 삶은 자신의 죽음을 더 의미 있게 만들었으며 그의 죽음 또한 자신의 삶을 더 의미 있게 했다. 그는 하나님이 설정해 놓으신 목적지까지 완주를 했으며 그분이 맡기신 사명을 완수했다. "내가 달려갈 길과 주 예수께 받은 사명 곧 하나님의 은혜의 복음을 증언하는 일을 마치려 함에는 나의 생명조차 조금도 귀한 것으로 여기지 아니하노라"(행 20:24). 그래서 그는 죽음에 대하여 당당했다. 삶에 대하여 당당해야 죽음에 대해서도 당당할 수 있다.

적어도
후회할 것 없고
아쉬워할 것 없으며
부끄러워할 것도 없는
삶의 여정이 되기를

그래서 나의 죽음이
자신에겐 당당하고
산 자들에겐 교훈이 되며
삶의 가치를 말해 줄 수 있기를…

뻥튀기

교회 생활을 힘들게 하는 것은 부담스러운 프로그램이나 훈련이 아니다. 늘 참석해야 하는 예배도 아니다. 이러한 것들은 오히려 억지로라도 따라가다 보면 많은 영적 유익을 얻게 된다.

교회 생활을 힘들게 하는 것은 공동체의 미성숙함이다. 미성숙한 교회 공동체의 대표적인 특징은 좋지 않은 소문이나 거짓 소문이 많이 떠돈다는 것이다. 그리고 나중에 모든 상황이 정리되고 나면, 거짓 소문은 어디론가 유유히 사라져 버리고 마음에 상처를 받은 피해자들만 남아 있게 된다. 이 과정에서 공동체는 영적으로나 정서적으로 피폐해지고 그 결과 공동체의 영적 수준은 낮아진다. 그리고 상처받고 교회를 떠나는 사람도 생기게 된다.

교회의 이런 현상들을 잘 알고 있는 사도 바울은 골로새 교회 성도들에게 분노와 증오와 악의와 비방과 입에서 나오는 더러운 말을 제거하라고 권면하였다. 서로 거짓말도 하지 말라고 엄하게 권고하였다(골 3:8-9). 우리는 사탄이 거룩한 교회 공동체를 흙탕물로 만들기 위해 거짓말로 시험한다는 사실을 알아야 한다. 미련한 자의 입술은 다툼을 일으키고 그 입은 매를 자청한다는 잠언의 말씀을 하나님이 주시는 경고로 받아들여야 할 것이다(잠 18:6). 말이 성숙해야 인격과 신앙도 성숙한 것이다.

뻥이오 뻥!
하얗게 튀겨진 강냉이가 구수한 냄새를 풍기며
뚜껑 열린 구멍으로 열기를 뿜으면서 쏟아져 나온다
바람 따라 사방으로 흩날리는 하얀 연기가
동네 사람들의 코를 찌른다

뻥이오 뻥!
새 하얗게 튀겨진 말(言)들이 달콤한 냄새를 풍기며
활짝 열린 목구멍에서 마구 쏟아져 나온다
소문 따라 팔방으로 흩날린 거짓 연기가
동네 사람들의 마음을 미혹한다

뻥이었소 뻥!
뻥쟁이는 어느새 사라지고
뻥 소리에 속고
냄새에 속아 넘어간 사람들의
속병 앓는 신음소리가 여기저기서 들린다

늙어 가는 길목

교회 생활을 오랫동안 해 보니 가족이나 교회 식구들로부터 존경을 받지 못해서 외롭게 생활하는 어르신들을 종종 보게 된다. 젊은 시절에 어떤 실수를 했는지 모르지만 분명 과거에 어떤 하자가 있었기에 그런 대우를 받을 것이다.

그런가 하면 가족들로부터 사랑을 많이 받고, 교회에서는 교우들에게 사랑을 넘어 존경을 받는 어르신들도 종종 본다. 어떤 훌륭한 일을 했는지 모르지만 필경 후손들로부터 존경받을 만한 인생을 살아왔을 것이다.

이러한 상황에서 삶의 지혜를 배워 본다. 젊은 날의 삶이 늙은 후 자신의 인생을 치욕이 되게 할 수도 있고 영광이 되게 할 수도 있다는 것이다. 잠언은 이렇게 기록하고 있다. "백발은 영화의 면류관이라 공의로운 길에서 얻으리라"(잠 16:31). 오늘을 바르게 살았다면 늙어 가는 것은 꼭 슬픈 일은 아니리라. 영광으로 다가올 미래를 기대하면서 오늘을 열심히 살아 보자.

어느 날 문득 주먹을 쥐니
양 손등에 검은 점들이 박혀 있다
이것이 무엇인고?
가슴이 놀란다

아버지의 손등에서 보았던 바로 그놈들이
내 손등에도 박혀 있는 것이 아닌가?
놀란 가슴이 또 놀란다

거울 앞에서 얼굴을 자세히 들여다보니
늘어나는 잔주름에 세월의 무상함이 느껴진다

주변머리 본래의 색을 잃어 가고
정수리가 허옇게 드러나는 것도 모자라
이젠 피부까지 늙어짐에 가세하니
젊어 보인다는 인사말에 더 이상 속지 말아야겠다

내일은 오는 법이니

고난만큼 우리에게 삶의 지혜를 가르쳐 주는 것은 없는 듯하다. 그래서 시편 기자는 고난받는 것이 내게 유익하다고 기록했을 것이다. "고난 당한 것이 내게 유익이라 이로 말미암아 내가 주의 율례들을 배우게 되었나이다"(시 119:71).

사람은 고난을 겪으면서 삶의 뿌리가 견고해지고 동시에 삶을 이해하는 폭이 넓어진다. 그래서 고난을 잘 감당하는 것이 중요하다. 고난을 통해서 성숙해져야 고난이 가치가 있게 된다. 사도 바울은 영적으로 낳은 아들 디모데에게 모든 일에 정신을 차리고 고난을 받으라고 권면해 주었다(딤후 4:5). 우리는 고난을 통해서 얻는 것이 많아야 한다. 즉, 시편 말씀처럼 고난이 우리에게 유익이 되어야 한다. 만약 고난 때문에 잃어버린 것이 더 많다면 그것은 고난의 가치를 희석시키는 것이다. 고난당한 것만으로도 어려운데 고난을 통과하면서 얻는 것 하나 없다고 하면 얼마나 억울한 일인가?

고난을 처리하는 가장 첫 단계는 염려부터 하지 않는 것이다. 염려는 상황을 더 악화시킬 뿐이다. 만약 두려움과 불안에 먼저 빠지게 되면 고난에게 기선을 빼앗겨 상황에 얽매이고 환경의 지배를 받게 된다. 두 번째는 그 상황에서 감사를 고백하는 것이다. 어렵겠지만 두세 개 제목을 찾아 감사해 보라. 세 번째는 기도하는 것이다. 네 번째는 인내하면서 하나님의 구원을 기다리는 것이다. 고난에 담겨 있는 영적 의미가 무엇인지 묵상하면서 인내하며 기다려야 한다. 하나님은 약속하셨다. 의인은 고난이 많으나 여호와께서 그 고난에서 건지실 것이다(시 34:19).

고난의 바람이 불어올 때
가지는 흔들려도 좋으나 뿌리는 뽑히지 말라
바람은 잠잠해질 때가 반드시 오나니

근심의 추위가 몰려올 때
걱정 때문에 떠는 것은 좋으나 심령을 얼어붙게 하지는 말라
추위는 봄기운에 밀려 사라질 때가 반드시 오나니

절망의 그림자가 드리워질 때
한숨 짓는 것은 좋으나 포기하지는 말라
결과는 끝까지 가 봐야 아는 것이니

죽음이 문 밖에서 기다리고 있는 것처럼 느껴질 때
한 번 놀라는 것은 좋으나 죽을 생각은 하지 말라
오늘이 지나고 내일은 오는 법이니

잠언

인생 말년이 되면 누구나 잠언의 기록자가 되는 것 같다. 삶의 과정에서 겪었던 다양한 경험들이 그 내용이 된다. 특히 실수했거나 실패했던 경험들, 또는 어리석었던 선택이나 결정들, 그리고 여러 가지 이유로 겪어야만 했던 고난과 그것을 헤쳐나갔던 경험들이 지혜가 되어 잠언을 기록하게 하는 것 같다.

'나이 들어 비로소 깨달았던 지혜들을 조금 더 일찍 알았더라면 얼마나 좋았을까?' 하는 아쉬움을 토로해 보지만 그것이 인생인 것을 어찌하랴. 지금이라도 알아야 할 것을 깨달았으니 그나마 다행이 아닌가 싶다.

오늘도 모세가 했던 기도 "우리에게 우리 날 계수함을 가르치사 지혜로운 마음을 얻게 하소서"(시 90:12)를 제목으로 삼아, 남은 인생만이라도 어리석게 살지 않기를 간구해 본다.

없는 것에 집착하지 말고
있는 것에 감사하며 살고
안 되는 일에 목매지 말고
되는 일부터 하면서 살자

잃어버린 것에 얽매이지 말고
얻을 것에 소망을 두고 살고
엎질러진 물을 탓하지 말고
새 물을 담고 살자

의미 없는 일에 인생 소비하지 말고
가치 있는 일에 생을 투자해 보고
남들 간 길만 따라가며 살지 말고
남들 안 간 길도 찾아가 보자

자존심 내세우다 손해 보지 말고
그것 내려놓고 덕 보며 살고
교만 떨다 수모 겪지 말고
겸손해서 존경받고 살자꾸나

소원

하나님은 우리가 수준 높은 신앙인으로 살기를 원하신다. 그리고 그 방법도 가르쳐 주셨다(살전 5:16-18).

먼저, 항상 기뻐하며 사는 것이다. 이것이 어떻게 가능할까? 좋은 일이야 당연히 기뻐할 수 있지만 그렇지 못한 상황에서 어떻게 기뻐할 수 있는가? 이 한계를 극복하기 위해서는 기쁨을 빼앗아 가는 것이 무엇인지 알아야 한다. 욕심은 항상 근심을 낳는다. 그리고 근심은 기쁨을 빼앗아 간다. 그러므로 욕심을 내려놓음이 기쁨의 시작이 된다.

다음은 쉬지 않고 기도하면서 사는 것이다. 이 말은 아무것도 하지 말고 기도만 하고 살라는 것이 아니다. 하나님과 지속적으로 소통하고 교제하면서 살라는 말씀이다. 그러므로 무엇이든지 기도로 풀어 가라. 자신의 부족함과 연약함을 인식하고 매 순간 그분의 도움을 구해 보라. 그리고 어떻게 하면 좋을지 항상 그분께 물어보라.

마지막으로 범사에 감사하면서 사는 것이다. 좋은 일이야 얼마든지 감사할 수 있지만 그렇지 못한 일들까지 어떻게 감사할 수 있겠는가? 그 비결은 하나님의 은혜와 사랑을 깊이 체험하고 그 안에서 사는 것이다. 그러면 감사할 제목을 수없이 발견하게 될 것이다.

아침에 눈을 떴을 때 새날 주심을 감사하여
기쁘게 하루를 살 수 있기를

삶의 작은 일에도 그분의 뜻이 담겨 있음을 알고
충성할 수 있기를

좁은 길을 가야 할지라도 그분의 계획임을 알고
기꺼이 걸어갈 수 있기를

북풍이 불어 닥칠지라도 그 의미를 알고
시험에 빠지지 않기를

평범한 것에도 감사할 것이 있음을 알고
만족하며 살 수 있기를

일상적인 것에도 가치 있음을 알고
소중히 여기며 살 수 있기를

어느 날 잠에서 깨어나 눈을 떴을 때
그곳이 천국이기를

오늘을 살게 하는 생각

초판 인쇄 • 2019년 11월 25일
초판 발행 • 2019년 11월 30일

지은이 • 이기훈
발행인 • 임용수
대표 • 조애신
책임편집 • 이소연
편집 • 이소정
디자인 • 임은미
마케팅 • 전필영
온라인마케팅 • 고태석
경영지원 • 김정희, 전두표

발행처 • 도서출판 토기장이
주소 • 서울시 마포구 망원로 26 토기장이 B/D 3F
출판등록 • 1990년 10월 11일 제2-18호
대표전화 • (02) 3143-0400
팩스 • (02) 3143-0646
E-mail • tletter@hanmail.net
www.facebook.com/togijangibook

ISBN 978-89-7782-427-0

값 9,000원

"우리는 진흙이요 주는 토기장이시니
 우리는 다 주의 손으로 지으신 것이라" (이사야 64:8)

이 도서의 국립중앙도서관 출판예정도서목록(CIP)은
서지정보유통지원시스템 홈페이지(http://seoji.nl.go.kr)와 국가자료종합목록 구축시스템
(http://kolis-net.nl.go.kr)에서 이용하실 수 있습니다.(CIP제어번호 : CIP2019046641)